走进幼儿叙事的
美术教育

钱慧 著

南京大学出版社

图书在版编目(CIP)数据

走进幼儿叙事的美术教育/钱慧著. —南京：南
京大学出版社,2021.11
ISBN 978 - 7 - 305 - 25116 - 0

Ⅰ.①走…　Ⅱ.①钱…　Ⅲ.①美术课－学前教育－教
学参考资料　Ⅳ.①G613.6

中国版本图书馆 CIP 数据核字(2021)第 234990 号

出版发行　南京大学出版社
社　　址　南京市汉口路 22 号　　　　邮　　编　210093
出 版 人　金鑫荣
书　　名　走进幼儿叙事的美术教育
著　　者　钱　慧
责任编辑　丁　群　　　　　　　　编辑热线　025 - 83597482
照　　排　南京开卷文化传媒有限公司
印　　刷　苏州市古得堡数码印刷有限公司
开　　本　787×960　1/16　印张 14.5　字数 228 千
版　　次　2021 年 11 月第 1 版　2021 年 11 月第 1 次印刷
ISBN　978 - 7 - 305 - 25116 - 0
定　　价　52.80 元

网　　址:http://www.njupco.com
官方微博:http://weibo.com/njupco
官方微信:njupress
销售咨询热线:025 - 83594756

序

边 霞[1]

　　儿童美术研究一直是儿童研究和学前教育领域中的一个引人入胜的课题。儿童的美术是儿童记录生活和表达情绪情感的重要方式，是儿童内心世界的流露和外化，是儿童的一百种语言之一，是儿童文化的重要组成部分。儿童美术创作过程充满叙事和创造，是儿童不可缺少、不可替代的学习。早期的儿童美术研究认同"儿童艺术"的观念，关注儿童美术所具有的特殊美感，给予儿童美术高度评价，甚至对儿童的艺术作品推崇备至。但早期的儿童美术研究强调儿童美术发展的线性过程，认为儿童的美术学习有其固定和基本的特征，而忽视了文化和社会的影响，忽略儿童在艺术创作以及建构视觉语言方面的多样性。21世纪的儿童美术研究逐渐聚焦儿童美术发展的个别化趋势，认为儿童美术（特别是幼儿美术）涉及视觉、听觉、语言、动作等众多叙事因素，儿童美术需要从更为复杂而多样的角度来加以探讨。

　　基于这样的儿童美术研究背景，钱慧的博士论文选择了"儿童叙事绘画"这样一个很有意义且充满挑战的课题。叙事是儿童绘画的重要特征，对其研究能够帮助教师以一种新的视角解读儿童心理，了解儿童的发展。研究期间，她扎根幼儿园两年，观察记录幼儿美术活动。她从叙事学、教育学等多个角度阐述了叙事和叙事绘画的内涵，以及儿童叙事绘画的意义和价值。在对收集的大量幼儿美术作品进行整理、编码、解读、分析的基础上，总结了儿童叙事绘

---

[1]　南京师范大学教授，博士生导师，学前教育国家重点学科艺术教育方向带头人。

画的特征,并揭示了当前幼儿园美术教育中的"叙事缺失",即在儿童的绘画作品中见"物"不见"事"等现象,进而探寻了导致这种叙事缺失的多重原因。这些发现对幼儿园美术教育教学的改革是具有重要启发意义的。

非常可贵的是,钱慧在博士毕业的后续研究中,继续以开阔的视野将儿童的美术教育融入幼儿园整个课程,关注美术领域与各领域之间的相互联系,拓展美术教育途径。她所提出的走进幼儿叙事的美术教育的理念,其实质是倡导幼儿美术的"不教而教",重视幼儿生活与艺术的融合、幼儿经验与艺术的融合,是一种"润物无声"的美术教育。如今,她将自己多年的研究成果出版成书,我由衷地为她感到高兴。

在长期致力于幼儿美术及美术教育理论研究的同时,钱慧还有着丰富的幼教实践经验。我相信,她一定能发挥自身优势,继续深入研究儿童美术教育的现实问题,在新时代美育背景下推出更多的学术成果。

一

"有两种东西,我对它们的思考越是深沉和持久,他们在我心灵中唤起的赞叹和敬畏就会越来越历久弥新,一是我们头顶浩瀚灿烂的星空,一是我们心中崇高的道德法则。"这句人类思想史上气势磅礴的名言刻在康德的墓碑上,出自康德的《实践理性批判》最后一章。美国艺术心理学家加登纳在此基础上发出了这样的感叹:"在此,我斗胆再添一个:幼龄儿童的创造力。"①加登纳的赞叹来自他从事多年的儿童艺术研究,"几乎所有刚脱离'尿布时期'的儿童画出的图画,无论是颜色的使用、丰富的表现力,还是强烈的结构感,都会与克利、米罗、毕加索的画作至少有一丝表面的关联,无一例外。"②因此,他认为儿童的"胡写乱画"是充满想象的独特创作,确信儿童的艺术能力可以与康德所说的两大奇迹相媲美。无独有偶,毕加索80岁时观看了一次儿童画展后说:"当我还是一个孩子的时候,我可以像拉斐尔那样作画,但是我却花费了终生的时间去学习如何像一个孩子那样画画。我毕生所追求的,就是如何把我的作品画成儿童画般的纯真。"③

---

① [美]霍华德·加登纳:《艺术·心理·创造力》,齐海东等译,北京:中国人民大学出版社,2008年版,第73页。

② [美]霍华德·加登纳:《艺术·心理·创造力》,齐海东等译,北京:中国人民大学出版社,2008年版,第77页。

③ 转引自段保国、李钦曾:《儿童美术学》,杭州:西泠印社出版社,2011年版,第9页。

儿童绘画吸引了毕加索、加登纳等众多艺术家、心理学家、教育学家的目光,越来越受到广大教师与家长们的关注。提及"儿童绘画",人们常常浮现在脑海中的是"稚拙""大胆""独特"等这样一些充满赞誉和肯定的形容词汇。

那么,幼儿绘画的现实状况如何呢?让我们来聚焦几组幼儿园的绘画作品画面。

画面一:幼儿园的作品栏

图 0 - 1

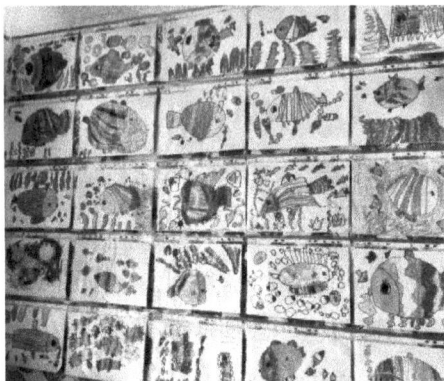

图 0 - 2

画面二:认真画画的瑞瑞

图 0 - 3

图 0 - 4

幼儿作品栏是幼儿园班级环境的重要组成部分。每当我们走进幼儿园，总是被孩子们的绘画作品所吸引。但是，仔细观察这些作品，我们常常看到的是全班孩子程式化的作品。从这些构图相似的作品中，我们可以看出本次绘画活动的内容和要求。图0-1是全班孩子画的色彩造型一致的多啦A梦；图0-2的内容是画小鱼，虽然每个孩子在小鱼的色彩、大小和背景上有所变化，但我们仍能从作品中看出临摹的痕迹，透视出幼儿园绘画活动中整齐划一的目标与要求。

图0-3是一位年轻妈妈发布在微信朋友圈里的照片，妈妈的批注是"认真画画的瑞瑞"。照片中的孩子正在为一把小伞涂色，他紧紧握着彩色蜡笔，试图不把颜色涂到边框线外面，而且努力做到涂色均匀。这是很多家长眼中认真绘画的孩子，这样的绘画似乎是幼儿园绘画活动的延伸。

图0-4是这位妈妈在微信上发的另一张图画。孩子画的是自己和小伙伴游泳的场景。妈妈的批注是："游泳咋是这样呢?"这样的话语背后透露出的是年轻妈妈的一丝失望之情。妈妈可能认为孩子表达的画面与真实的游泳场面太不一样了。这样的源自幼儿生活体验和亲身经历的绘画常常不能被成人理解。

以上这些画面分别从幼儿园和家庭呈现了幼儿绘画的某些现实状况。图0-4绘画作品源于幼儿的生活事件，所叙述的游泳活动是大多数幼儿感兴趣并乐此不疲的活动，幼儿在游泳活动中有着丰富的体验。但是这类绘画常常不被成人理解和重视，某些幼儿园的幼儿作品栏展示了大量程式化的物体画、机械化的线条和涂色练习。

图0-5

图0-5是一位6岁幼儿的即

兴作品。"我爸爸在很远的地方,我妈妈和我经常坐轮船去看爸爸。我很高兴。我和妈妈在船上看。船有时候开得快,有时候开得慢。开得快的时候水就冒上来,慢的时候水就是平的。水冒上来的时候我感觉好刺激。"6岁幼儿的绘画技巧不算高超:一艘轮船上面站着的两个人、天空中飞翔的小鸟,这些是大多数孩子都能画出的程式化的人和鸟儿,船的下方是波浪线形的海水。孩子描述了跟妈妈坐轮船看望爸爸的事件,其中蕴涵了儿童丰富的精神世界:画面中的轮船是静态的,但是动态的海浪变化中有着孩子对船速与海浪之间朴素的科学认识;画面中没有孩子爸爸的形象,但孩子的叙事中隐含了对远方爸爸的思念。瑞吉欧幼儿教育体系把儿童绘画看作儿童百种语言之一,语言的重要功能是表情达意,具有叙事性,幼儿通过绘画记录与表达自己对世界的独特认识。但是,当前的幼儿园绘画教育实践中基于幼儿的生活体验的叙事绘画常常被忽视。

二

本研究受到了经验研究范式的转换和范梅南的生活体验研究的影响和启迪,主要运用了质的研究,特别是现象学教育学的方法。20世纪70年代以来,教育科学领域发生了重要的"范式转换"——开始由探究普适性的教育规律转向寻求情境化的教育意义。加拿大阿尔伯塔大学教育学教授马克斯·范梅南强调以教师、学生、父母的生活经历为原材料,运用现象学的独特方法对教育学进行研究与思考。范梅南"强调面向教育生活世界、面向孩子,强调教师、父母面对孩子生存和成长本性时最基本的经验"[①],这些经验蕴藏在教育生活中各色各样的故事中。"故事"在范梅南的著作中占据了很大的部分,它们是现象学"回到事情本身"和"生活世界"理念的体现。正是这些故事,使我们有可

---

① 朱小蔓等:《教育现象学:走向教师的教育研究——与现象学大师马克斯·范梅南教授对话》,《中国教育报》,2004年10月21日。

能参与理解儿童的真实体验,同时又让我们在面对真实体验中蕴含的教育意义时陷入沉思。范梅南总结出故事对人文学科的重要性:(1)故事给我们提供了可能的人类经验;(2)故事能使我们经历正常情况下我们不能经历的生活情境、感觉、情感以及事件;(3)故事可以借创造一个可能的世界开阔我们的视野,增加我们的阅历;(4)故事会吸引我们的注意力并使我们亲临其境;(5)故事是一件精美的艺术品,可引领我们重回旧日时光而无论其是虚构抑或真实;(6)故事在详细描写我们生活中独特的方面时富有生动性;(7)优秀的小说或故事可以超越情节的特征和主人公等方面,因此使我们便于主题分析和评论。①儿童的每一幅叙事绘画作品中都蕴涵了儿童的故事,这些故事反映了儿童所体验的生活世界。因此本研究关注幼儿叙事绘画中体现出的幼儿生活的独特性,遵照范梅南所倡导的"把研究日常生活经验作为起点"②的研究理念,关注幼儿叙事绘画中表达出的希望、快乐、困惑、焦虑等独特体验,从而关注幼儿的精神世界。

范梅南的生活体验研究既是一种质的研究,也是一种"儿童视角的教育研究"。③现象学教育学强调对生活体验进行研究,从儿童的生活经验出发。研究者只有站在儿童的角度理解儿童的观点和体验,才能真正了解儿童。因此,本研究注重从幼儿的视角理解幼儿的绘画,这也是本研究的立场。

具体来说,本研究除了使用文献研究法之外,主要使用了观察法、作品分析法、访谈法等研究方法,对于以上方法的运用视各研究阶段的需要而有所侧重。

本研究的第一阶段,主要采用文献研究的方法,并通过思辨对本文中的核心概念——叙事与儿童的叙事进行了梳理和评述,提出了对儿童叙事的基本

① [加]马克斯·范梅南:《生活体验研究——人文科学视野中的教育学》,宋广文等译,北京:教育科学出版社,2003年版,第89—90页。
② 朱小蔓等:《教育现象学:走向教师的教育研究——与现象学大师马克斯·范梅南教授对话》,《中国教育报》,2004年10月21日。
③ 黄力:《我心目中的学校——儿童视角的教育研究》,北京:光明日报出版社,2011年版,第27页。

看法。运用文献研究从叙事学、心理学、教育学等不同学科的视角对本研究的核心概念"叙事"进行了梳理和阐释。叙事渗透在人类文化生活的各个方面，在叙事学中，叙事与叙述，具有非同一般的意义。叙事学研究叙事作品，这些作品是讲述包含着故事事件的作品。就叙事而言，既可以是真实意义、事实意义上的叙事，也可以是虚构意义上的叙事。经典叙事理论强调研究叙事的性质、结构、形式和功能等，后经典叙事理论侧重叙事的语境。心理学除了将个体叙事作为研究内容之外，还强调了研究的叙事范式，重视人的日常生活叙事，突破了传统的实证主义范式。教育学视角下的叙事研究更多地将叙事作为一种研究方法和研究活动，当然，教育叙事中的叙事也是教育研究的重要内容。首先，本研究对多学科视角下叙事进行梳理，旨在从多学科的角度来研究幼儿绘画和绘画教育问题，试图借鉴叙事理论的框架，探讨幼儿绘画中的事件、表现方式、叙事视角等，分析幼儿绘画中的叙事特点。同时，从心理学、教育学等视角揭示幼儿叙事对幼儿发展的意义。其次，研究者对当前幼儿叙事的相关研究进行了梳理，这些研究包括了幼儿叙事的类型、叙事功能以及叙事能力的发展等。研究者还从五个方面阐述对幼儿叙事的基本看法：叙事是幼儿的天性、幼儿的叙事是整体性叙事、幼儿的叙事是诗性叙事、幼儿的叙事是"个体叙事"、绘画是幼儿叙事的重要方式。

在研究的第二阶段，主要采用观察法、作品分析法、访谈法，对幼儿的绘画进行全面解读。本研究阶段的具体做法如下：在样本的选取上，采取"目的性抽样"的强度抽样方法，以江苏省 X 幼儿园三个大班的 123 名幼儿为研究对象，该园为江苏省优质幼儿园（公办）。研究者对自愿选择在绘画区角活动的幼儿提出如下建议："你愿意画一些事情吗？这些事情可以是你经历过的，也可以是你想象的；可以是自己的事情，也可以是别人的事情。"研究者观察幼儿绘画的全过程，对幼儿在绘画过程中的言语、行为等进行记录。共收集幼儿叙事绘画作品 167 幅，并对每幅作品进行了访谈和记录。访谈的主要提问是："请说说你画了些什么。"资料分析借鉴了扎根理论的基本思路，通过对资料的深入分析，逐步形成本研究的分析框架。整个过程经历了一个不断归纳、提炼的过程,也是一个自下而上的过程。具体说来,本研究不是以一个既有的研究框架对幼儿作品进行整理、分析,而是根据幼儿作品中相对集中的事件内容确定分析的主题,并通过不断对作品进行比较,衍生出各个主题的二级内容,尽可能呈现幼儿绘画作品的"原始状态"。本研究试图对幼儿绘画作品进行教育学意义上的分析:不以绘画技法的高低作为评判幼儿绘画的标准,不以成人眼光评价幼儿画得像不像、行不行等。本研究着重开展幼儿绘画的"意义考察",即根据幼儿的绘画反映的人、事、物等,反思幼儿的生活体验。

本研究的第三阶段,主要采用调查法和观察法,考察当前幼儿绘画中的"叙事缺失"现象,采用强度抽样的方法,对江苏省三所幼儿园的 145 名大班幼儿进行调查,收集幼儿绘画作品 145 幅,通过访谈、观察等对当前幼儿绘画活动中的"叙事缺失"现象进行了考察剖析,指出了该现象的三种突出的表现:绘画内容方面表现为重"物"轻"事",绘画过程中表现为体验缺失和绘画评价中的"消极讲述",另外也指出了当前幼儿绘画中的"虚假叙事"现象。

最后,运用行动研究总结走进幼儿叙事的美术教育的相关策略。设计并开展幼儿园绘画活动"消防演练""关于小学我想知道""掰玉米""我的周末生活"。认为幼儿绘画活动首先要尊重和保护幼儿的叙事天性,绘画活动应着眼于"圈外儿童艺术家"的培养。结合相关教育实践案例开展行动研究,探讨在绘画活动过程中内容的选择应立足于幼儿的生活,应创造条件帮助幼儿积累"叙事资本",建议教师在绘画活动中为幼儿提供视觉支持并不断提高"心灵阅读"能力。另外,结合当前幼儿园课程故事的实践探索,认为课程故事案例中的幼儿美术故事体现了走进幼儿叙事的美术教育基本理念和立场,课程故事中的美术活动不再是一个个孤立的美术活动,而是幼儿一系列经验的生成与表达。

目录 CONTENTS

第 一 章

叙事与儿童叙事

一、不同学科视角下的"叙事"

（一）叙事学视角下的"叙事"

英语"叙事"（narrative）一词源于拉丁文的 nar-ratio，它的本意指的是行为和具有连续性的体验。叙事伴随着人类历史和文化的发展而不断演进，从钻木取火的远古时代对神话故事的讲述，到有文字记载以来历史学家对历史事件进行的编撰、解释，凡是有人类的地方，就存在着叙事。叙事渗透在人类文化、生活的各个方面，一段对话、一段独白、一个手势、一个眼神……实际上都在讲述某些东西，这些是宽泛意义上的叙事。

叙事学就是以叙事这一现象为研究对象的一门学科，诞生于 20 世纪 60 年代。叙事学家对叙事有清楚的界定。叙事"是人们将各种经验组织成为有现实意义的事件的基本方式……叙事既是一种推理模式，也是一种表达模式。人们可以通过叙事'理解'世界，也可以通过叙事'讲述'世界。"①美国叙事学家普林顿用了这样一个简单的例子来说明："约翰很快乐，后来，他遇到

_____

① ［美］博格：《通俗文化、媒介和日常生活中的叙事》，南京：南京大学出版社，2000 年版，第11 页。

了彼得,于是他就不高兴了。"①这个例子涉及一个由事件导致的状态变化,包含因果关系。杨义在《中国叙事学》中指出,"叙"与"序"相通,叙事常常称作"序事"。"序"又可以与"绪"同音假借,这就赋予叙事之"叙"以丰富的内涵,不仅字面上有讲述的意思,而且暗示了时间、空间的顺序以及故事线索的头绪。罗钢认为:"一些意味隽永的句子,如'河海不择细流,方能成其大。''绝望之为虚妄,正与希望相同。'都不能称为叙事,因为它们没有表现任何事件……而一些乏味的句子,如'一个男人打开门。''玻璃杯落到地板上。'却应当看作叙事,因为它通过话语表现了一个事件,一个以上的事件通过某种关系联结起来就构成了故事。"②由此看来,叙事,应该有"事"可叙。这个"事",指的就是事件,一件过去发生、现在正在发生,或者将来可能发生的事。就叙事而言,可以是真实意义、事实意义上的叙事,也可以是在虚构意义上的叙事。

叙事学是研究各种叙事文本的综合学科。罗兰·巴特在他的《叙事作品结构分析导论》一开头作了以下论述:"世界上叙事作品之多,不可胜数;种类繁多,题材各异。对人来说,似乎什么手段都可以用来进行叙事:叙事可以用口头或书面的有声语言、用固定的或活动的画面、用手势,以及有条不紊地交替使用这些手段。叙事存在于神话里、传说里、寓言里、童话里、小说里、史诗里、历史里、悲剧里、正剧里、喜剧里、哑剧里、绘画里……彩绘玻璃窗上、电影里、连环画里、社会新闻里、会话里。"③"叙事理论的基本研究对象是叙事文本,它可以是一篇小说、一首叙事诗、一个童话……或是含有叙事因素、以其他媒介出现的'文本',如一本连环画、一部电影、一部电视剧……"④,"任何叙事作品,都可以用叙述学理论来进行分析研究,并得出与过

---

① 转引自申丹、王丽亚:《西方叙事学:经典与后经典》,北京:北京大学出版社,2010 年版,第 2 页。
② 罗钢:《叙事学导论》,昆明:云南人民出版社出版,1992 年版,第 2 页。
③ 王泰来等编译:《叙事美学》,重庆:重庆出版社,1987 年版,第 60 页。
④ 谭君强:《叙事理论与审美文化》,北京:中国社会科学出版社,2002 年版,第 11 页。

去的分析绝不雷同的结论。"①由此,叙事发展出各种形态的叙事,如历史叙事、小说叙事、音乐叙事、绘画叙事、哲学叙事、舞蹈叙事,等等。

叙事学对叙事的研究,在不同的发展时期有不同的聚焦。叙事学研究初期,深受结构主义思潮的影响,将研究领域局限于文学领域,将叙事作品视为一个内在自足的体系,强调研究对象的静态、共时性。叙事学分析、描述的并不是个别的、具体的叙事作品,而是存在于这些作品之中的抽象的叙述结构。结构主义叙事学研究对象忽视历史、传记、图像叙事作品等,在不同程度上隔断了作品与社会、历史、文化语境的关联。20世纪90年代以来"后经典叙事学"或"新叙事理论"开始在西方(主要是美国)兴起。"后经典叙事学"或"新叙事理论"在分析文本时,更为注重读者和社会历史语境的作用,注重叙事学的跨学科、跨媒介研究,越来越重视非文字媒介叙事(如电影、喜剧、绘画等)的研究。

(二) 心理学视角下的"叙事"

近年来,对个体叙事的研究越来越受到心理学领域的重视。叙事心理学是在后现代心理学思潮影响下兴起的一种新的研究取向。

叙事心理学兴起于20世纪80年代,心理学家萨宾于1986年第一次提出此概念。萨宾认为心理学应该回归人类的日常生活,应该用叙事范式取代传统心理学的实证主义范式,人们的生活叙事应该成为心理学的主要研究对象。以科学主义为基础的现代心理学往往把人从其特殊的文化背景,即社会和历史的文本中抽离出来,使得对人的理解失去了应有的丰富性和历史时代感。而个体的叙事反映了个体心理发展与变化的过程,人格与自我是在述说生活故事的过程中得以存在的。

叙事的范式在心理学领域被广泛应用,产生了诸如叙事心理治疗、写作治疗、读书治疗等一系列心理咨询与治疗新方法、新技术。儿童的绘画治疗即叙

---

① 〔荷〕米克·巴尔:《叙述学:叙事理论导论》,谭君强译,北京:中国社会科学出版社,1995年版,第3页。

事范式的运用,在绘画治疗过程中,治疗师通过解释绘画的象征意义和倾听绘画者自己的解释来进行心理分析。"通过绘画作品和创作的过程,更易于洞察来访者的内心世界。"①治疗师对研究对象常常提出这样的问题:"跟我讲讲你的画。""这幅画上发生了什么事情?"我们可以看出,心理学视角下的叙事是个体故事的积累、浓缩和整合。作为内容的叙事,它反映着人过去所经历的事情,投射着人的情感、态度、动机、观点等;作为过程的叙事,既是回忆,也是反思,还有意义的组织、再组织。它既是意义的建构过程,也是人格的建构过程。心理学对叙事解读的目的是理解,理解人的行为,理解每个人的生命故事。

布鲁纳将叙事视为一种思维模式。他出身于实验心理学研究,后半生却表现出对社会和文化现象的高度关心。他针对逻辑抽象范式研究的局限,革命性地提出了文化心理学。在建构此学说的过程中,他从人类学、文学、哲学等角度,深刻探讨了人类的叙事活动。布鲁纳认为在人的心理生活中存在着两种本质上不同的思维模式:例证性思维和叙事性思维。例证性思维又叫作命题思维,是哲学、逻辑学、数学和物理学等科学的思维方式。叙事性思维需要想象力,呈现的是具体的人和人际场景。两种思维模式产生两种精神世界:严格的定义明确的例证世界和朦胧的富于挑战性的叙事世界。"例证模式依赖于对命题的验证","是存在判断的","叙事模式是规范的,它的方法是虚构"。② 布鲁纳的研究有助于剖析教育研究中的叙事。

(三) 教育学视角下的"叙事"

20世纪80年代,加拿大的课程学者将叙事研究引入了教育领域。在教育领域,"叙事"这一概念常常与其他概念结合在一起,如"教育叙事""教育叙事研究""德育叙事"等。

---

① 陶琳瑾:《绘画治疗与学校心理咨询:一种新视野下的整合效应》,《中国组织工程研究与临床康复》,2007年第17期。

② [美]杰罗姆・布鲁纳:《故事的形成:法律、文学、生活》,孙玫璐译,北京:教育科学出版社,2006年版,第83页。

　　丁钢针对教育学科实践性的特点提出了教育叙事理论，"教育是实践性很强的学科，必须用适当的方式去呈现它。"①他认为："教育叙事是表达人们在教育生活实践中所获得的教育经验、体验、知识和意义的有效方式。"②刘良华则将教育叙事视为一种研究态度："所谓教育叙事就是以叙事、讲故事的方式表达作者对教育的解释和理解。"③郑金洲认为教育叙事还可以是教育研究成果的表述形式："作为行动研究成果表述形式的教育叙事，既指教师在研究过程中用叙事的方法所做的某些简短的记录，也指教师在研究中采用叙事方法呈现的研究成果。"④以上对教育叙事的界定中可以看出，教育叙事中的叙事仍然包含着叙述、讲故事等内涵，即教师为了呈现教育研究成果，以讲故事的方式告诉读者自己对教育的理解和体验。

　　教育叙事研究将叙事作为一种研究方法和研究活动，"运用叙事研究方法研究教育问题的研究都可以称之为教育叙事研究。""教育叙事研究是研究者通过描述个体教育生活，搜集和讲述个体教育故事，在解构和重构教育叙事材料过程中对个体行为和经验建构获得解释性理解的一种活动。""教育叙事研究在其展开过程中是一种有关个体教育生活故事文本的分析研究。个体的教育生活故事是教育叙事研究的基础，它们的叙事形式多种多样，诸如个体的自传、传记、个人叙事、叙事访谈、个人档案、生活故事、口述历史、有关的论文集等。"⑤教育研究中不能把叙事仅理解为讲故事，研究者要善于挖掘故事中存在的教育意义。叙事是对许多故事的重新建构，通过意义串联，形成意义之网，研究者需要理解经验叙事的意义对他人及社会问题的意义。

　　教育叙事研究的兴起是基于教育科学化追求中研究方法的反思。从 17 世纪起，"教育研究就在科学化的道路上蹒跚前进，试图去寻求客观的、普遍的

---

① 丁钢：《教育叙事的理论探究》，《高等教育研究》，2008 年第 1 期。
② 丁钢：《教育叙事的理论探究》，《高等教育研究》，2008 年第 1 期。
③ 刘良华：《教育叙事：一种研究态度》，《湖北教育（教育科学）》，2008 年第 7 期。
④ 郑金洲：《教育研究方式与成果表达形式之二——教育叙事》，《人民教育》，2004 年第 18 期。
⑤ 傅敏、田慧生：《教育叙事研究：本质、特征与方法》，《教育研究》，2008 年第 5 期。

和中立的标准,主张采用自然科学的研究方法,用数据来分析世界,以精确化的教育语言来描述教育事实。目的在于确立事物之间的因果联系,并把教育科学理论演变成为一套技术原则与操作规程。然而这种过度追求科学化的研究范式在教育实践中陷入困境。"①叙事研究的兴起是通过经验与故事对教育科学研究中人文精神缺失的一种补充和发展。教育叙事研究中的叙事与叙事学视角下的叙事有联系也有区别。叙事学研究各种叙事文本和叙事题材,包括虚构性的文学作品。教育叙事研究中叙述的事件是真实的,真实性是教育叙事研究的一个重要特征。文学中的叙事,既可以是真实的事件,也可以是虚构的故事,也就是说,文学中的叙事既可以面向过去,也可以面向未来。教育叙事研究有着文学叙事的基本要素、过程,但所叙之事是教育生活中已经发生的事件,是面向过去的叙事。

通过以上梳理可以看出,叙事学理论主要研究的是虚构的文本,如神话、民间故事、小说等。叙事学家在研究这些文本时,更多的是从内在结构入手,往往忽视叙述主体的经验、感悟等;叙事心理学注重叙事与人格发展之间的联系;教育领域中的叙事既是研究内容,也是研究方法和途径。本研究借鉴叙事学、心理学、教育学等多学科的研究成果,将儿童的叙事界定为:儿童用自己的方式(语言、绘画、游戏等)讲述自己或他人的故事,这些故事可以是真实的,也可以是虚构的,从而呈现儿童的外在生活与精神世界。

二、儿童叙事

关于儿童叙事的研究已有 50 多年的历史。初期的研究集中体现在儿童语言学、心理学等领域。众多研究者认为儿童叙事是儿童语言学习的重要内容,与其日后读写能力、阅读能力和学业成就等密切相关(Pearce,2004;Dickinson,2001;Chang,2006;Fazio,1996)。研究者普遍认为,儿童叙事能力

---

① 王枬:《教育叙事研究的兴起、推广及争辩》,《教育研究》,2006 年第 10 期。

对早期儿童语言和其他领域的发展至关重要。Allyssa McCabe(1991)认为儿童的叙事有四个方面的功能：(1)儿童通过叙事可以体验、理解过去的经历；(2)儿童通过叙事可以进行自我展示；(3)儿童通过叙事，可以使过去的事件具有现时性和生动性；(4)儿童的叙事可以促进儿童社会性发展。Aksu(2005)和Miller(2007)的研究也表明叙事可以促进儿童社会性发展，因为同伴之间需要通过叙事发展社会关系，而且不同的文化和社会族群有其特有的叙事方式，透过叙事能够反映其思维方式和内心想法。儿童的叙事能力和风格是体现文化差异对儿童发展影响的重要表现形式，正如叙事是一件社会交互行为，具有特定的社会文化属性。Dennie & Palmer Wolf(1993)认为叙事还可以发挥儿童的想象力，引领儿童进入阅读和写作的世界，而儿童进入读写世界最常见、最重要的方式不仅仅来自书本，还来自回忆过去、思考过去和谈论过去的经历。[①]

鉴于叙事对儿童发展的重要性，儿童叙事类型以及叙事能力的发展等引起广泛关注。Hudson & Shapir(1991)的研究认为儿童的叙事包含三种类型：个人生活故事、想象故事、脚本。个人生活叙事是儿童对过去生活中真实发生事件的讲述，比如引导儿童讲述去医院、过生日或去度假的一次经历。想象叙事是儿童对自己创编或依托图片和视频等形式进行再创造的虚构故事讲述，比如看图讲述、看后复述和看后续编等形式。Fivush(1995)的研究描述了儿童早期叙事能力的发展历程："儿童大约在1岁半到2岁开始提及过去的特定经验，如当日的早餐，但需要成人的说明才能理解其意义；2岁半左右虽然能够对过去的经验提供较多细节，但仍需成人提示，且回忆内容也受成人提示的影响而表现出不稳定状态；从3岁开始，个人生活叙事开始呈现规律发展态势，其叙事成分日趋完整，描述事件的因果关系与时间关系更加清楚，可以说3岁左右是生活叙事各宏观结构成分开始发展的分水岭。"

----

① 转引自张放放，周兢：《儿童叙事能力发展研究综述》，《幼儿教育》(教育科学版)，2006年第6期。

国内关于儿童叙事的研究较多聚焦于儿童的语言学习。20世纪80年代,武进之等人(1983)对儿童看图讲述能力,史慧中等(1986)对儿童记叙性讲述进行过研究,但他们的研究内容比较宽泛。李甦、李文馥等(2006)对3—6岁儿童图画讲述能力的发展特点做了研究,研究结果表明图画画面形象的特点、图画意义的隐含性和深刻性均对儿童的图画讲述有很大影响。我国台湾学者张鑑如(2000—2004)对台湾幼儿叙述能力所作的纵向研究发现,叙述结构较完整、叙述顺序较清楚,并会在故事中陈述自我观点和表达故事意义的孩子,在故事理解、下定义、图片描述和中文阅读理解等能力上也表现较好。杨宁在研究了布鲁纳所提出的两种思维模式的基础上,提出了"叙事性思维在幼儿心理生活中具有不可动摇的中心地位",认为叙事应该成为"幼儿教育的基本途径"①。曾维秀、李甦等(2006)针对国外的实证研究总结出了儿童叙事能力发展的促进与干预的方式和基本思路:儿童与成人共读、共同扮演故事人物、儿童叙述自身经历等。② 在以上梳理的基础上,本研究从五个方面具体分析和阐述儿童叙事。

(一) 叙事是儿童的天性

叙事是人类的天性,因为叙事从根本上来说是一种交流活动,它指的是信息发送者将信息传达给信息接收者这样一个过程。因为人类需要交流,需要告诉别人一些东西,也需要听取别人传达给自己一些东西。这样的叙事,人们每天都在经历着,如同人的吃饭穿衣一样。人们即使不面对一个外在的叙述对象,有时也往往会自己向自己叙说一些事情,或者提醒自己注意某些事情。我们不能想象人类没有叙事的状态,正如同我们不能想象人类没有阳光、空气和水一样。叙事是人类自我发展的需要,"个体失去构建叙事的能力,就失去了他们的自我。""一旦我们装备了这个能力,我们就可以

---

① 杨宁:《叙事:幼儿教育的基本途径》,《学前教育研究》,2005年第7—8期。
② 曾维秀、李甦:《儿童叙事能力发展的促进与干预研究》,《中国心理卫生杂志》,2006年第9期。

产生出一个自我,将我们与他人联系在一起……我们掌握了自述的叙事,从我们所生活着的文化中制造并再制造了我们的自我。"①如果人类没有叙事,就没有生动的过去,没有想象中的未来,也没有与自己共存的其他活生生的人和事,人的生存活动完全就会变成物质性的实践活动,人就会永远生活在现在时之中,成了单维的或平面的人。从这个意义上说,没有了叙事,也就没有了人。

　　布鲁纳认为"儿童很早就进入了叙事的世界"②。他认为叙事性思维在儿童生活中具有不可动摇的中心地位。儿童常常把他们探索的世界当作是有生命的,他们的思维、记忆、想象等,都是故事导向的。叙述性思维使得人类能够抓住一个较长的过去和一个更为复杂的将来,还有更为多样的社会环境,叙述性思维使得人们懂得一系列复杂的行动,并且恰如其分地行动。换句话说,叙述性思维正是我们理解周围社会生活的过程。③ 杨宁对布鲁纳的叙事思维理论分析后认为:"如果说正常成人的思维模式同时包括例证性思维和叙事性思维的话,那么,幼儿的思维则本质上是一种叙事性思维,或者说,幼儿的心智具有一种叙事性的结构。皮亚杰所描述的前运算阶段幼儿思维的诸多特点都指向叙事性结构这一核心。"④

　　下面一对母子的对话反映了儿童的叙事性思维,对话里的孩子五六岁。

　　　　妈妈:小心,别从那儿走!

　　　　孩子:它为什么不下在外面?

---

①　[美]杰罗姆·布鲁纳:《故事的形成:法律、文学、生活》,孙玫璐译,北京:教育科学出版社,2006年版,第71页。
②　[美]杰罗姆·布鲁纳:《故事的形成:法律、文学、生活》,孙玫璐译,北京:教育科学出版社,2006年版,第25页。
③　[英]卡里瑟斯:《我们为什么有文化:阐释人类学和社会多样性》,沈阳:辽宁教育出版社,1998年版,第81页。
④　杨宁:《叙事:幼儿教育的基本途径》,《学前教育研究》,2005年第7—8期。

妈妈:房子破了。

孩子:谁咬了个洞?

妈妈:漏雨啦!

对话中的母亲一直试图告诉孩子一个事实,那就是:房子破了漏雨了。而对话中的孩子则总是避开妈妈陈述的事实,孩子好奇的是雨为什么不下在外面,房子的破洞一定是老鼠之类的动物咬破的。在孩子的世界里,雨、房子等一切都是有生命的。这段简短的对话里,母亲是理性的,孩子则是非理性的、充满想象的,孩子一直在讲故事,母亲一直在讲科学的事实。

儿童的生活中充满了叙事,叙事是儿童与生俱来的一种天然倾向。心理学家莫顿总结出儿童与叙事的天然关系:"一旦他略知其然,他便会教他的玩具熊,把自己的世界观强加于沙地上的任其摆布者。他会一边玩耍,一边自言自语地叙述自己在做什么。他也会讲述长大以后将干什么。他会注意观察别人的动作,一旦发现不懂,就会询问照管他的人。他在临睡前想要听故事。"① Eisenberg(1985)和Sachs(1982)的研究结果表明:2岁左右的美国幼儿就能和大人一起叙述生活故事以及过去的经验,但故事简短并且缺乏条理。布鲁纳曾研究了一个叫艾米的美国儿童的叙事案例。在艾米3岁之前,她的父母用一台藏在床下的录音机录下了艾米的自言自语。这些自言自语包括了艾米关于白天的常规生活,以及艾米对于某些游戏的看法等。因此,布鲁纳认为,从儿童的牙牙学语开始,儿童就有着叙事的冲动和叙事需要,并且拥有某种叙事的能量和叙事感受力。

(二)儿童的叙事是诗性叙事

儿童的叙事性思维与维柯所说的"诗性思维"有着内在的一致性。维柯认

---

① 转引自杨宁:《故事叙述与幼儿心智的成长》,《华南师范大学学报》(社会科学版),2002年第2期。

为原始人与儿童是有着诗性思维的,维柯所谓的"诗性"是指人的"创造性的想象力",即"凭想象来创造"的、想象力极为发达的思维。维柯认为原始人和儿童"因为能凭想象来创造,他们就叫作'诗人','诗人'在希腊文里就是'创造者'"。① 他们都是以自我为中心,以自己为"万物的尺度"来度量事物、想象事物、把握事物。儿童的思维特征决定了儿童的叙事是诗性叙事,儿童的叙事体现出"以己度人""万物有灵"的倾向。如上述母子的对话中,孩子把雨想象成一个生命体,对房子破洞的猜想充满了故事情节。儿童常常把他们探索的世界当作是有生命的,他们的思维、记忆、想象等,都是故事导向的。一个三岁的孩子每次听到楼下小猫的叫声就会吵着要下楼去玩,孩子认为小猫在喊他一起玩。"小孩可以很自然地对万物说话,可以相信童话故事中的世界和人物,可以对于昆虫或恐龙着迷,可以扮演和模仿怪兽、机器人或娃娃,这些都是大人眼中的'幼稚行为',却充满了一种可与万物相通气息的神秘感,是大人永远难以回返的童心和生命世界。"②马修斯在他的著作里曾记述过这样一个例子:尼休拉(3 岁 4 个月)对妈妈说:"我肚子痛。"母亲安慰他说:"你躺下睡着了,痛就会消失的。"尼休拉好奇地问:"痛会上哪里呢?"尼休拉的母亲所说的痛是身体的痛觉,是科学事实的"痛"。而尼休斯问题中的"痛"是被想象了的具有生命力的"痛",他或许在困惑:痛会不会跑到橱柜里或书箱里去?那它会在我睡着的时候跑出来吗? 对儿童来说,幻想的与现实的、主观的与客观的、心理的与物理的、人为的与自然的、思维的主体与思维的对象等都成为互渗的、不可分割的统一整体。"童年时期的存在将真实与想象互相联结,而在此他以完全的想象体验现实的形象。"③"儿童主体与外部最初是物我不分的、一体化的,随着年龄的增长,主客体逐渐分化,儿童便会处于一种主客

---

① [意]维柯:《新科学》,朱光潜译,北京:人民文学出版社,1986 年版,第 162 页。

② 张盈堃:《儿童/童年研究的理论与实务》,中国台北:学富文化事业有限公司,2009 年版,第5 页。

③ [法]加斯东·巴什拉:《梦想的诗学》,刘自强译,北京:生活·读书·新知三联书店,1996 年版,第 135 页。

体互渗的阶段。在这种互渗阶段，儿童关于外部世界的认识中往往夹杂着儿童主体内部的东西，如想象、幻觉、期待等，也就是说儿童这一阶段的知识往往不是客观的。"[1]

梦[2]

我梦见了外公。

爸爸，你有外公吗？

有，但外公已经死了。

爸爸，我今天没有做梦。

因为眼屎多，挡住了我的梦，

而且那些梦精灵也好像睡着了。

以上这首诗是一位六岁女孩的原创诗。小作者在诗的开头叙述了一件关于梦见外公的事件以及由此生发的父女对话，这样的对话似乎就发生在身边，是大多数父母与孩子的对话，这样的对话是对生活的原生态的描绘，没有刻意的修辞，却产生了意想不到的效果。浮现在人们眼前的是一位充满着好奇与探究的小姑娘，提问中是关于儿童哲学思考的话题。"爸爸，我今天没有做梦。因为眼屎多，挡住了我的梦"，将眼屎赋予生命与趣味，这样的叙述拥有了能促使人无限联想的力量。充满幻想的"梦精灵"使整首诗充满了诗化的感动，体现出儿童叙事的诗性色彩。儿童诗性思维使儿童的叙事除了呈现泛灵性，还具有情感性和创造性。三岁的元元每周末跟着妈妈去上海探亲，妈妈把乘坐的轻轨、地铁都称作"小火车"。元元对"小火车"充满着好奇与期待，总是盼着周末去乘坐小火车。元元在纸上反复画"小火车"：用长长的线连接起来的圆

---

[1]　刘晓东：《儿童教育新论》，南京：江苏教育出版社，1998 年版，第 166 页。

[2]　http://blog.sina.com.cn/s/blog_5cda98e70102e9lb.html.

圈。元元每次画"小火车"的时候都设想出不同的情节,例如,"小火车开啦,呜呜呜。""小火上有很多人。""元元坐小火车,妈妈是站着的。""小火车停下来了。"元元根据不同的情节创造出多样的绘画符号,有长短不一的线条、大大小小的圆形和点点。维柯说:"诗的最崇高的工作就是赋予感觉和情欲于本无感觉的事物。儿童的特点就是在把无生命的事物拿到手里,和它们交谈,仿佛它们就是些有生命的人。"①儿童的思维特征决定了儿童天生就是"讲故事的儿童"。迈尔斯·理查森认为讲故事是我们日常生活的基本属性,只有进入故事,人才成为人。麦基说:"一个讲故事的人即是一个生活诗人、一个艺术家,将日常生活、内心生活和外在生活、梦想和现实转化为一首诗,一首以事件而不是以语言为韵律的诗。"②

(三)儿童的叙事是整体性叙事

人是一个完整的生命体,身体和精神是一个整体。在儿童的世界里,理性与感性、工作与游戏、梦想与现实都是一体的,因而他们的叙事内容和叙事方式具有整体性,并且与儿童的整体发展息息相关。

儿童的叙事内容表现出整体性。儿童的叙事常常包含时间、地点、人物、情节、关系等一系列要素,表现为连贯的整体,传达出衔接有序的整体性信息。韩国岭南大学 Jiryung、Ahn 和不列颠哥伦比亚大学 Margot Flipenko 采用观察法对儿童游戏、艺术等叙事进行了为期三个月的跟踪研究,其研究报告《叙事、假想游戏、艺术和自我:交叉世界》中揭示了儿童在游戏、艺术等过程中的叙事。以下案例"生孩子"是该报告中发生在角色游戏中的叙事案例:

① [意]维柯:《新科学》,朱光潜译,北京:人民文学出版社,1986年版,第98页。
② [美]罗伯特·麦基:《故事:材质、结构、风格和银幕剧作的原理》,周铁东译,北京:中国电影出版社,2001年版,第31页。

案例：生孩子①

（Jane、Kathy、Jessica 几个女孩在一个角落，她们正在玩生孩子的游戏。）

Kathy：我是医生。

Kathy：（对 Jane）你是孩子。

Jessica：那我就是妈妈。

（三个女孩分别用身体姿势扮演在医院的手术室的情景。）

Kathy：（对 Jessica）用力，用力。

（Kathy 发出婴儿的哭声。）

Jane：Holly，你是姐姐。我们没有爸爸，我们的爸爸去世了。我们只有妈妈、姐姐和小狗。

这是一个角色游戏的片段。在这个片段中，三个女孩通过角色游戏，叙述了一个关于生孩子的故事。故事中有三个角色：医生、妈妈和孩子。游戏过程中，儿童通过角色对话、身体动作等，展示了儿童视野中的"生孩子"的过程。"妈妈"躺在手术台上，"医生"在一旁用语言发出指令并模拟婴儿的哭声，"孩子"运用旁白交代家庭背景，整个游戏情节简单、生动有趣，包含了人物、情节、对话等，体现出完整的叙事内容。

儿童的叙事方式是多样的，故事、游戏、绘画、音乐等都是他们的叙事方式，而这些方式常常交织在一起，表现为整体性的叙事。研究者曾经观摩了幼儿园的科学活动"小陀螺转起来"，活动开始，幼儿分别在玻璃、地面、草席、毛毯上玩转陀螺的游戏，然后观察记录陀螺转动的速度和圈数，最后孩子们的记录表被老师贴在了黑板上。这些记录表让人惊叹不已：这些记录不是我们成人常用的文字或者数字，20 多位孩子运用了绘画符号记录了他们的观察结果。

---

① Ahn J, Filipenko M., "Narrative, imaginary play, art, and self: Intersecting worlds," *Early Childhood Education Journal*. 2007, 34(4), pp.283.

在记录陀螺转动圈数的时候,他们有的用直线的长度表示,有的用螺旋线的圈数表示,有的幼儿甚至用太阳的光芒和月亮来表示。在这个活动中,幼儿在游戏玩耍中探索陀螺的旋转与接触材料的关系,在语言表达中交流自己的认知,在绘画中记录自己的发现,甚至有的幼儿用身体旋转的动作模仿陀螺的旋转,体现了儿童对世界的整体感知方式。这种整体感知方式使叙事方式具有整体性,表现为儿童在叙事活动中将所有的感官功能卷入其中,是视觉、听觉、动觉全身心的投入与释放。

儿童的叙事中常常包括感官知觉、身体运动和身体位置。"把每一件事物都与自己的身体关联起来,好像自己的身体就是宇宙的中心一样。"①皮亚杰关于认知发展阶段的理论,就揭示出儿童利用身体进行自我与外界互动的本体感知方式,是感知运动阶段里的典型特征,并在其后漫长的童年期里依然较明显存在。1945 年康奈尔大学的心理学家对儿童的眼部运动进行了科学观察,通过一个经典顿悟实验揭示了儿童的眼部运动可以影响思维和身体运动,为解答问题和完成学习任务提供隐性支持。罗丹曾描述他自己在雕塑创作时的感受:"我不但以自己的大脑、紧缩的眉头、扩张的鼻孔和紧缩的嘴唇进行思考,而且我的胳膊、后背和大腿的每一块肌肉都在思考,我的紧握的拳头和脚趾都在思考。"②在儿童的叙事中,身体与精神是一体的,身体动作常常成为儿童叙事的一个组成部分,与对话、游戏、艺术等共同完成儿童的叙事。

最后,儿童的叙事反映了儿童的整体性发展。Jiryung 等人的研究报告中将儿童在游戏、艺术中的叙事视为儿童自我构建的重要内容,不同的叙事内容反映了儿童发展的整体状况。案例"我们来扮演老师"是角色游戏的一个片段,James 试图通过扮演老师这一角色确立自己在游戏小组里的"权威地位",为了实现这一目的,她要求大家遵守"每两轮来一次"的规则,当她发现自己的这一规则受到质疑时,她运用角色的强制力提醒大家:"老师可以

---

① [瑞士]皮亚杰:《发生认识论原理》,王宪钿译,北京:商务印书馆,1981 年版,第 23 页。
② [美]罗伯特·鲁特·伯恩斯坦:《天才的 13 个思维工具》,李国庆译,海口:海南出版社,2001年版,第 203 页。

做任何事。"

案例：我们来扮演老师①

（Holly 建议大家轮流扮演老师。）

James：不，那太没意思了。我来决定。每两轮来一次，James，James，Holly，Holly，然后 Matthew，Matthew。大家说行不？

Holly：为什么你这样做？

James：因为我是老师！你们看，老师总是指挥。老师可以做任何事。

儿童通过角色扮演、角色对话表达了对社会关系等级性的理解。对儿童来说，社会关系包括了幼儿在幼儿园、家庭形成的师幼、亲子、同伴等关系。Jiryung 等认为儿童在游戏、艺术中的叙事反映了儿童的社会性发展，儿童在这些社会关系的形成中不断调整自我、发展自我。本研究将儿童的叙事绘画与儿童的整体发展相联系，将儿童的叙事绘画置于儿童文化等语境中考察，从多方面揭示儿童叙事绘画对儿童发展的意义。

（四）儿童的叙事是"个体叙事"

儿童的叙事是"个体叙事"，"个体叙事"是"小叙事"。儿童的叙事中几乎没有宏大描述和严密、系统的逻辑推断。对 3—6 岁幼儿来说，游戏是他们生活的主旋律，幼儿园里关于"游戏的故事"每天都会发生。一位 6 岁幼儿玩了"模特走秀"游戏之后叙述："我和雪儿，还有媛媛，我们一起走 T 台。我们走着走着，我们发现，应该用不同的方法来走模特。我们先一块走模特，然后雪儿往这边走（右边），我往这边走（正前方），媛媛往这边走（左边）。我们又觉得应

---

① Ahn J, Filipenko M., "Narrative, imaginary play, art, and self: Intersecting worlds," *Early Childhood Education Journal*. 2007，34(4)，pp.283.

该拉手走,我们就拉手走。然后又觉得应一个一个地走,我们又一个一个地走。哈哈,我们觉得哪种办法好呢?然后我对大家说:'我们还是用三个人一起走的方法吧。'她们不同意。后来雪儿说:'要不我们还是一个一个排队走吧。'最后我们只能一个个排队走了。"幼儿的年龄和有限的生活空间决定了幼儿的叙事是个体叙事,他们叙述的是"我"的生活和"我"的空间。从幼儿对自己模特游戏的叙述中可以感受到她对模特游戏的喜爱与对游戏同伴的关注,她的叙事还反映了她在游戏过程中与同伴分工、协商解决的能力。

对儿童来说,个体叙事也是"底层叙事",即儿童在叙事中展现的是自己原原本本的生活世界。研究者有一次参加了教育系统的幼儿园游戏观摩,一位园长感叹幼儿对娃娃家游戏的痴迷:"娃娃家游戏玩了很多年了,但是不管哪个年龄班幼儿都喜欢娃娃家游戏。"幼儿在娃娃家扮演家庭中的不同角色,模仿自己熟悉的家庭角色及其生活中人物的语言和动作,这样的游戏叙事源于他们熟悉的日常生活,深受幼儿的喜爱。在这类装扮游戏中幼儿将生活中的感知经验转化为游戏情节,通过行为扮演"家庭""医院""商店"等丰富等主题脚本。幼儿的游戏叙事是富有生活感召力的"底层叙事",我们应该尊重幼儿的"小叙事",尊重他们的"内在经验"。

有时候,儿童这样的"底层叙事"会被成人忽视甚至被"纠正"。曾经有一位老师给学生布置了一篇《放学路上》的作文,一个小男孩在作文中描写了自己观看蚂蚁搬家的事件。作文中小男孩生动地展示了自己细致的观察、充满童趣的语言。可是,老师却认为这篇作文不合格,要求孩子重写。理由是作文立意不高,没有突出集体主义、爱国主义等宏大思想。于是孩子就开始编故事:放学路上,遇到了一位盲人,他如何帮助盲人回家等,结果老师给了这篇作文高分。由此可见,"中国教育境遇中儿童底层叙事的缺失,儿童叙事思维的程式化。"①当前的教育中"学生的个人知识、儿童自己的特殊文化世界在学校

---

① 徐永:《儿童底层叙事的教育社会学意义》,《全球教育展望》,2012年第1期。

课程中不占位置。丰富多彩的日常生活被堵截于学校高高的围墙之外"。^① 当儿童的底层叙事被忽视,儿童的生活世界便与教育世界隔离开来。令人欣喜的是,当前幼儿的"游戏故事"成了安吉游戏课程的重要环节。"游戏故事"从不同的层面展示了幼儿的心理、思维、意愿、想象、需要、情感表达等。它既是幼儿对现实世界的一种把握,反映着他们对世界的感知,又是他们自我意愿的一种表现方式。^② 因此,有研究者认为幼儿的这些游戏故事"为教师更好地解读幼儿和积累课程资源提供了很好的先行基础。基于游戏过程而生成的游戏故事完整地展现了幼儿的学习发生过程,凸显了幼儿在具体情境中的学习特点和学习状态,因而它既可以帮助教师及时地把握幼儿学习的生长点,又为教师积累了有效的课程资源。"^③

(五)绘画是儿童叙事的重要方式

当儿童的语言、文字、逻辑尚待发展的时候,一些非常形象化的艺术方式成为他们叙事的最好方式,比如绘画。罗恩菲尔德的研究表明,儿童最早运用绘画进行叙事大约在命名涂鸦时期(4岁左右),"有一天,儿童在涂鸦时会开始说故事,他会说:'这是火车,这是烟。'或者说:'这是妈妈上街买东西。'虽然我们认不出火车或者母亲,这种'涂鸦的命名'对儿童进一步的发展却具有极大的意义,因为这种进步显示,儿童的思考已经完全改变了。直到目前为止,儿童才能完全满足于他们自己。之后,儿童便把他的动作与想象经验连接在一起。他从单纯的肌肉运动转变到图画的想象思考。一个人若能想到他一生多数的思考都和图画有关时,才能认识这一个决定性的改变;提及每一个名次、动作,以及与经验的联想,都是与想象思考有关。"^④罗恩菲尔德对儿童涂鸦阶段之后的样式化前阶段的案例均是儿童的叙事绘画,如《我在街上》《我和我的

---

① 张华:《经验课程论》,上海:上海教育出版社,2001年版,第247页。
② 王满霞:《安吉"游戏故事"作品分析及其课程价值》,福建师范大学硕士学位论文,2017年。
③ 丁文:《幼儿园游戏故事的价值》,《学前教育研究》,2020年第11期。
④ [美]罗恩菲尔德:《创造与心智的成长》,王德育译,长沙:湖南美术出版社,1993年版,第93页。

狗》《我和妹妹在雪地上》《我在摘花》《我在追球》等。阿恩海姆的研究与罗恩菲尔德不谋而合，他用一位4岁女孩的作品来说明儿童绘画的这种叙述性，图画中一个人在草坪上除草，除草机被描绘成一个线条的漩涡。① 研究者收集了一位3岁儿童安琪的绘画作品（见图1-1），"这是我在幼儿

图 1-1

园午睡。我的眉毛是弯弯的，因为我很不高兴。我身上盖着被子，我在用力蹬被子。"在访谈中，安琪的妈妈告诉研究者，安琪是一位新入园的孩子，不太适应幼儿园的生活，存在明显的入园焦虑情绪。这幅图画是安琪在家中自发完成的。小作者描绘的是自己在幼儿园午睡的事件，表达了自己对午睡的厌倦情绪。该案例表明，儿童从3岁开始就可以运用绘画进行叙事。

"儿童在游戏中的行为、故事讲述、舞蹈和唱歌都具有暂时性，行为结束活动也随之消失。但是，在儿童有效使用书面文字之前的很长时间内，绘画一直都是他们有效的表达方式。"② 一些研究者的儿童艺术观和艺术教育观中关注了儿童绘画的叙事功能，如孔起英把幼儿美术视为幼儿把握世界的一种方式，是幼儿进行情感表达与交流的工具，是幼儿个性的表现。③ 张念芸认为"幼儿在美术作品中表达着他们的生活经验、愿望、想象和美感，这是幼儿表达自己内心活动的一种方式，是孩子的另一种语言。"④ 刘晓东用诗意的语言赞美儿童的艺术："是童年生命的律动，是儿童从情感侧面对自己精神生活的一种生动

---

① ［美］鲁道夫·阿恩海姆：《艺术与视知觉》，孟沛欣译，长沙：湖南美术出版社，2008年版，第133页。
② ［美］格罗姆：《儿童绘画心理学——儿童创造的图画世界》，李甦译，北京：中国轻工业出版社，2008年版，第187页。
③ 孔起英：《学前儿童美术教育》，南京：南京师范大学出版社，1997年版，第21—24页。
④ 张念芸：《学前儿童美术教育》，北京：北京师范大学出版社，2004年版，第4页。

表达,是与儿童整体的发展密不可分的。"①关注儿童绘画中叙述的愿望、情感,从而关注儿童整体发展成为许多专家学者的共识。

瑞吉欧幼儿教育体系的创始人马拉古兹说过,孩子是由一百组成,一百种语言,一百双手,一百个念头,一百种思考的方式⋯⋯对于儿童来讲,绘画也许是一种比文字简单且清楚的表达方式,通过绘画,儿童可以表达他们的"百种"想法。如儿童在方案活动"人群"中的绘画就是源于儿童的叙事:"晚上到处都是人,走过来的人,走过去的人,你什么也看不见,只能看到人、大腿、手臂和头。"这是一个5岁孩子的叙述,他的叙述引起其他儿童和老师的共鸣。于是产生了以"人群"为主题的方案活动,最后利用绘画和黏土两种方式来表现人群。"人群"是源于儿童的日常生活事件,而另一个方案活动"鸟的乐园"则是源于想象的叙事。儿童认为小鸟会口渴,肚子也一定会饿,于是引发了关于鸟的乐园的构想。绘画可以表达现实生活中的事件以及由此而产生的观点和感悟,也可以表达儿童的想象与故事。

在幼儿阶段,绘画成为幼儿叙事的重要方式。幼儿在绘画中叙述自己的日常生活,表达自己的愿望、情感。幼儿的绘画留下的是可见的记录和实实在在的痕迹。幼儿在绘画中总是沉浸在自己的图画世界中,充满着叙事的激情。南希·雷·史密斯等在《教孩子画画》一书中指出,幼儿在五六岁时"将图画视作他们兴趣或活动的描述。他们有强烈的叙事欲望,用'图画'讲故事成为他们作画的一种强劲动力。"②"当儿童发现自己具有在纸张上挥洒自如的神奇力量之后,他们就开始了一种独特的人类活动。这种活动可以使他们传递平凡的经历,并且可以把经历表征成一个崭新的,也许是虚构的行为和思想。"③威尔逊对幼儿不断画出大量的描画人物及其冒险经历的图画进行研究后,认为

---

① 刘晓东:《儿童教育新论》,南京:江苏教育出版社,1998年版,第240页。
② [美]南希·雷·史密斯等:《教孩子画画》,贾茜茜译,长沙:湖南美术出版社,2008年版,第5—6页。
③ [美]格罗姆:《儿童绘画心理学——儿童创造的图画世界》,李甦译,北京:中国轻工业出版社,2008年版,第187页。

"有一种巨大的驱动力使儿童所积累的形象跃然纸上。"①Claire Golomb 认为这种驱动力来自儿童叙事的需要:"绘画叙事的趋势是受讲故事的愿望所驱动……它驱动了儿童去提高叙事技能,渴望分化图形以及协调构成有效传递信息的各种要素……这些趋势使得儿童发展出不同的表征风格,并且满足了他们的不同需求。"②因此,绘画满足了幼儿的叙事需要,反过来,叙事常常成为幼儿绘画的驱动力。

---

① ［美］格罗姆:《儿童绘画心理学——儿童创造的图画世界》,李甦译,北京:中国轻工业出版社,2008 年版,第 187 页。

② ［美］格罗姆:《儿童绘画心理学——儿童创造的图画世界》,李甦译,北京:中国轻工业出版社,2008 年版,第 189 页。

第二章

幼儿叙事绘画及其对幼儿的发展意义

一、叙事绘画的历史回顾

文字和语言产生之前,人类表达意义的方式多以视觉呈现为主。正如岩画研究专家指出:"从表意的功能上来看,岩画最接近于'文字画',是一种叙述性很强的绘画。很多岩画确实是在通过画面的组织去表明一桩具体的事件。"[①]而从绘画的起源与发展来看,人类早在旧石器时代就已经使用运动图像叙述故事、表达信息。如苏美尔绘画代表作《乌尔的旗标》以分层叙事的构图展开乌尔王室发动战争、征服异族、庆祝胜利、缴获战利品的情节。

当然,在文字产生以后,绘画仍然是重要的叙事媒介。曾撰写过《艺术哲学》的丹纳宣称:"我立志要以绘画而非文献为史料来撰写一部意大利历史。"[②]约翰·拉斯金认为:"伟大的民族以三种手稿撰写自己的传记:行为之书、言词之书和艺术之书。我们只有阅读了其中的两部书,才能理解它们中的任何一部;但是,在这三部书中,唯一值得信赖的便是最后一部书。"[③]雅各布·布克哈

---

① 王良范:《从岩画看视觉图像的构成——人类学视域的原始图像》,《贵州大学学报》,2001 年第 7 期。
② 转引自曹意强等:《艺术史的视野——图像研究的理论、方法和意义》,杭州:中国美术学院出版社,2007 年版,第 35 页。
③ 转引自曹意强等:《艺术史的视野——图像研究的理论、方法和意义》,杭州:中国美术学院出版社,2007 年版,第 35 页。

特则认为:"只有通过艺术这一媒介,一个时代最秘密的信仰和观念才能传递给后人,而只有这种传递方式才最值得信赖,因为它是无意而为的。"①以上这些看法表达了艺术(特别是绘画)对于历史叙事的重要性。

古希腊时期是西方艺术史上的黄金时代。亚里士多德认为,人是一种模仿性的生物,而正是模仿促使人类进行文化创造性的活动。古希腊的绘画已经突破了原始绘画的写实性模仿,而转向"对精神产品的模仿"。②"不少古希腊瓶画与荷马的史诗《伊利亚特》和《奥德赛》有很充分的联系"③,瓶画以神话题材和日常生活题材为主,表现的多为情节性场面。而且,"在一些很早期的叙述性希腊艺术品中就已经出现了特洛伊陷落的故事。"④古希腊艺术的基本精神传递到古罗马,其绘画亦多表现为叙事性绘画,即记载具体的历史事件,用来装饰公共场合和住宅。庞贝城著名壁画《密祭》表现了对酒神狄奥尼索斯的秘密献祭。"在深红色的背景上,密祭的场面一步步展开,那些紧张的少女、狂欢的萨提尔和焦虑的女信徒都处于一种肃穆、神秘和紧张的气氛中。"⑤

中世纪绘画的主要形式是教堂彩绘画,模仿的文本是《圣经》。例如,著名的坎特伯雷大教堂东窗的玻璃画,画的中央方框描绘的是耶稣受难图,方框周围是四幅较小的半圆形玻璃画,描绘圣经中的有关场景。中世纪绘画艺术注重视觉形象的系列性,因而叙事功能大大增强。文艺复兴是西方艺术的又一个伟大时代。乔托、米开朗琪罗、达·芬奇、拉斐尔、提香、波提切利等都是艺术史上熠熠生辉的名字,他们创作出了大量的故事画。"艺术品最重要的任务就是描述一个故事(story)。这个故事得选自权威的文学资料,而不管是神圣

① 转引自曹意强等:《艺术史的视野——图像研究的理论、方法和意义》,杭州:中国美术学院出版社,2007年版,第35页。

② 龙迪勇:《图像叙事与文字叙事——故事画中的图像与文本》,《江西社会科学》,2008年第3期。

③ 丁宁:《绵延之维——走向艺术史哲学》,北京:生活·读书·新知三联书店,1997年版,第223页。

④ [美]马克·富勒顿:《希腊艺术》,李娜、谢瑞贞译,北京:中国建筑工业出版社,2004年版,第97页。

⑤ 中央美术学院编著:《外国美术简史》,北京:中国青年出版社,2007年版,第29页。

的还是世俗的资料。艺术作品应该以尽可能令人信服和富有表现力的方法再现《圣经》、圣书中的历史或古典史、神话或传说中的某个事件。"①"到了17世纪,图画形式对文学主题的忠实成了视觉艺术作品的最受珍视的特质之一。"②

西方艺术史上这种叙事性绘画模仿叙事文本的倾向持续了好几个世纪,我们可以说:20世纪之前的西方叙事艺术史简直就是图像模仿文本的历史。这是一种彻底的文本中心主义,肇端于古希腊的理性主义或"逻各斯中心主义"思维方式。20世纪兴起的达达主义、立体主义、超现实主义等艺术流派开始摆脱对文学、历史的依赖,尝试建立绘画语言自身的独立价值,树立"绘画不做自然的奴仆""为艺术而艺术"等观念。

中国艺术发展史上关于绘画与叙事的关注与讨论引发我们进一步的思考。"河龙出图,洛龟书灵,赤文绿字,以书轩辕"的传说即涉及图像的起源与叙事功能。西晋文学家陆机提出了"宣物莫大于言,存形莫善于画",进一步强调绘画的记录功能。而唐代张彦远认为,图像与文字是两种记载人类活动的媒介,他在《历代名画记》一书中写道:"记传所以叙其事,不能载其容;赋颂有以咏其美,不能备其象。图画之制,所以兼之也。"张彦远认为绘画既可以记录历史事件和人物,还可以描绘风俗习惯等,他甚至觉得绘画比文字具有更直观的扬道作用。宋代郑樵在《通志》一书中,主张图文互证:"见书不见图,闻其声不见其形;见图不见书,见其人不闻其语。"郑樵认为只重文字而轻图像的史学势必沦为虚学而非实学,强调了绘画在史学研究中的历史叙事功能。

集中体现绘画承载叙事功能的当属中国长卷画,叙事、倒叙、插叙等在绘画中也多有体现。东晋顾恺之所作长卷画《女史篇图卷》依据西晋张华的文学作品《女史箴》而画,具有很高的艺术价值。内容是讲解劝诫宫中妇女的一些封建道德规范。画面共九段,描绘了当时宫中贵族妇女的生活,塑造了一系列

---

① 曹意强等:《艺术史的视野——图像研究的理论、方法和意义》,杭州:中国美术学院出版社2007年版,第321页。

② 曹意强等:《艺术史的视野——图像研究的理论、方法和意义》,杭州:中国美术学院出版社2007年版,第321页。

动人的人物形象。北宋张择端的《清明上河图》以其内容的异常丰富性、高度的历史真实性、艺术表现的生动性,成为我国古代绘画史上具有不朽意义的杰出作品。画的内容结构分为三个段落,长卷构图中充满了戏剧性情节和引人入胜的细节描写。整幅画卷有铺垫、有起伏、有高潮。可见,长卷绘画除了记录封建礼教、抒发浪漫情怀,还可以反映广阔的社会现实生活。

上述历史回顾揭示了叙事绘画发展的一些规律:对文学文本的再现或摹绘、史实记载、作者情感叙述等构成了叙事绘画的主要内容;在叙事思维上,时间性逻辑占了支配性的地位,反映到叙事方式或叙事结构上往往是明显的线性因果特征。以上规律是成人艺术家叙事绘画的普遍特征,对叙事绘画的探讨有助于我们更好地理解绘画与叙事的关系,有助于我们更好地理解幼儿叙事绘画的内涵。

二、幼儿叙事绘画的提出

长期以来,幼儿的美术研究深受客观主义和理性主义的影响,人们认为幼儿的美术学习有其固有的、基本的特征。如幼儿美术阶段理论描绘的是幼儿绘画发展的线性运动过程,采用的是高度实证、去背景化和普遍性的方法。美国当代艺术教育家布兰特·威尔逊(Brent Wilson)和马杰里·威尔逊(Margery Wilson)认为幼儿的图画"是他们努力反映其所处文化所提供的社会习俗"。"幼儿所关注的不是真实世界中的物体,而是创造文化中的视觉符号。"[1]他们研究了幼儿自发画出的大量图画(不是在教室或学校课堂上完成的),提出了"视觉叙事图画"这一概念。"这样的一种图画叙事使用了有顺序的结构来讲述故事,如果结构使用得当,讲述就包括了故事的开端、进展以及结果。"[2]美国赫维茨教授与戴教授赞同布兰特·威尔逊的研究,把绘画中的幼

---

① [美]阿瑟·D·艾夫兰:《艺术与认知》,智玉琴译,长沙:湖南美术出版社,2008年版,第34页。
② [美]格罗姆:《幼儿绘画心理学——幼儿创造的图画世界》,李甦译,北京:中国轻工业出版社2008年版,第183页。

儿称为"讲故事的幼儿","幼儿经常会把不同时期发生的事情编织在同一幅构图中,从某种意义上说,他们会像处理一篇作文题目那样处理画的主题","幼儿的各种经历、他们听到的故事以及在电视上或电影里看到的事情都会在他们的艺术作品中表达出来"。①

德国幼儿艺术教育研究者罗泽·弗莱克-班格尔特在《孩子的画告诉我们什么》一书中,列举了大量幼儿叙事绘画作品,对这些作品进行了深入的描述与说明。"绘画的内容就是围绕着他们当时的活动展开的。"②慕尼黑绘画艺术研究院教授鲁道夫·赛茨在这本书的前言中写道:"很少有人能够解释清楚孩子们的画是多么重要的鲜活档案,它们是怎样表达孩子们在内心世界和外部环境中经历的","孩子们向我们展示着自己,同时也展示着他们的世界观,以及他们对关系与关联的看法"。③ 罗泽·弗莱克-班格尔特将幼儿的绘画等同于"即兴的图片",提醒人们理解幼儿绘画的背景。她的研究体现了对幼儿绘画研究的"范式转换",即开始从强调客观主义和理性主义的立场,转向开始强调诠释学的立场,"绘画是一件很私人的事情。每一幅画都可以反映其作者个性的一部分,反过来说,画的意义又总是与看画者的立场息息相关,深受欣赏这幅画的人的本身经历的影响。"④罗泽·弗莱克-班格尔特的研究涉及幼儿叙事绘画创作的背景以及理解幼儿的叙事绘画的四种方法:(1)对一幅画的"外表"进行研究,并且弄清画的中心、独特之处、象征性、形式、颜色、画中内容的强度以及画面的分配;(2)想要更深层地理解一幅画,就必须有耐心、感知能力和浓厚的兴趣;(3)把自己与孩子们的画联系起来,并尝试设身处地地进入

① [美]艾尔·赫维茨、迈克尔·戴:《幼儿和艺术》,郭敏译,长沙:湖南美术出版社,2008年版,第68页。
② [德]罗泽·弗莱克-班格尔特:《孩子的画告诉我们什么——幼儿画与幼儿心理解读》,程巍等译,北京:北京师范大学出版社,2010年版,第2页。
③ [德]罗泽·弗莱克-班格尔特:《孩子的画告诉我们什么——幼儿画与幼儿心理解读》,程巍等译,北京:北京师范大学出版社,2010年版,第1页。
④ [德]罗泽·弗莱克-班格尔特:《孩子的画告诉我们什么——幼儿画与幼儿心理解读》,程巍等译,北京:北京师范大学出版社,2010年版,第39页。

这幅画；(4)在和孩子们谈论画之前，大人最好自己也试着画画。[①]

希腊雅典大学教授瓦西莉奇(Vasiliki Labitsi)对幼儿叙事绘画的结构进行了详细的剖析。她认为，通过绘画的视觉叙事或讲故事，是孩子养成和沟通关于自己和世界的思路和想法的一种手段。她将幼儿叙事绘画的结构分成了单向交易行为、非事务性的行动、精神/口头进程和双向交易行为等四种结构类型。[②]瓦西莉奇的研究表明，幼儿叙事绘画已经越来越受到广泛的关注，对幼儿叙事绘画的研究也越来越深入。

本研究在对以上研究观点梳理的基础上，对本研究中的"幼儿叙事绘画"做出如下界定：幼儿运用绘画叙述事件，这些事件可以是真实的事件，也可以是虚构的事件；可以是自己经历的故事，也可以是他人的故事。叙事绘画作品是幼儿所见所思所感的产物，幼儿在完成作品的过程中，不仅叙述事件，而且把自身的思想、情感也融入其中。本研究中的幼儿叙事绘画中的"叙事"不是宽泛意义上的"叙事"，而是借鉴了叙事学理论中的"叙事"概念，与事件紧密联系在一起的。

(一) 叙事绘画是幼儿"生活史"的呈现

幼儿的生活史是指幼儿生活的经验历程，包含了幼儿生命过程中所经历的一系列的、连续的事件，以及这些事件相互影响的个人状态与情境。"人所做的任何一件事都是由人、由人的生活、由人的精神本质衍生出来的一种现象。"[③]图2-1是6岁的小牙牙的叙事连环画《回家过年》。[④] 小作者通过绘画

---

① ［德］罗泽·弗莱克-班格尔特：《孩子的画告诉我们什么——幼儿画与幼儿心理解读》，程巍等译，北京：北京师范大学出版社，2010年版，第39—40页。

② Labitsi V, "Climbing to reach the sunset: an inquiry into the representation of narrativestructures in Greek children's drawings," *International Journal of Education through Art*. 2008, 3(3), pp.185-193.

③ ［俄］C.谢·弗兰克：《社会的精神基础》，王永译，北京：生活·读书·新知三联书店，2003年版，第208页。

④ http://blog.sina.com.cn/s/blog_5cda98e70102e9fz.html.

讲述了自己回家过年的经历,画面呈现了幼儿这十多天的回家历程,包括小作者坐火车、拿着行李箱、路途见闻、和小同伴玩耍以及见到的建筑物、博物馆等,旅程中一系列的事件真实而又生动地反映了幼儿内心深处的情感体验,这样的体验是幼儿生命历程的体验。

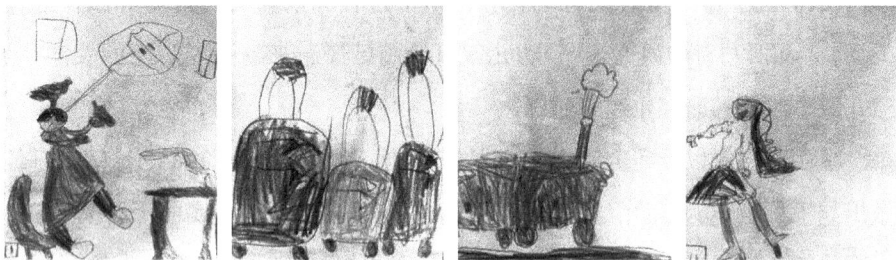

我叫小牙牙,我特别想回家,这是我第一次回老家过年。	大年三十,爸爸妈妈和我一起出发了。	邢叔叔开车送我们去了火车站,我们坐上火车出发了。	我们经过了秋童姐姐家,她家在安徽。
我们经过了小许哥哥家,他家在山东。	大年初一下午,我们终于到家了。	一进院子,我就和弟弟开始玩雪。	大年初五,天下着雪,我们离开爷爷家前往陕西西安。

图 2-1 《回家过年》①

小可是一位 6 岁的小女孩,她通过一系列叙事绘画叙述了自己的校外生活。图 2-2 中小可描绘了一个壮观的舞蹈场景。"我在星光舞蹈班跳舞。我排在第二排第一个。我们都穿的裙子,裙子其实没有波浪线,但是我喜欢裙子是波浪线。我喜欢大家一起跳,一个人跳的话太孤单了。我们跳的是民族舞。

———————————

① 该绘画为连环画,共十五幅图画,这里节选了其中的八幅。

有一次我跳得好,老师表扬了我,妈妈也表扬我了。"小作者除了叙述了自己参加舞蹈班的生活,还在其他绘画作品中叙述自己弹古筝、学拼音的校外生活,这一系列绘画记录了幼儿校外生活的内容,也反映了幼儿在校外生活中的情绪情感。对一位 6 岁的幼儿来说,面临着即将进入小学学习,

图 2-2

这些叙事绘画是幼儿忙碌的校外兴趣班生活的真实反映和记录。

幼儿在完成作品的过程中,不仅叙述事件,而且把自身的思想、情感也融入其中。如图 2-2 中幼儿叙述了自己对舞蹈的热爱,特别是对于"波浪裙"的憧憬。叙事绘画作品是幼儿所见所思所感的产物,叙事就是叙述事情,这些事情可以是真实的事件,也可以是虚构的事件。因此幼儿的叙事绘画不仅展现幼儿"生活史",还是幼儿"思想史"的展示。罗泽·弗莱克-班格尔特曾举了一个孩子画马的研究案例:6 岁的莎拉家里养了一匹母马,母马产了一头小马。莎拉经常观察母马如何照顾自己的小马,因此反反复复画母马和小马的故事。当莎拉生气之后,画出了《牙齿咬的喳喳作响的马》;当莎拉生病的时候,她就会画《拉肚子的马》。莎拉将自己的生气、生病等思想情感表现在绘画中。罗泽·弗莱克-班格尔特的研究表明了幼儿的叙事绘画与幼儿"思想史"的密切联系。本研究无意于运用生活史的研究方法研究幼儿的叙事绘画,而是通过揭示幼儿叙事绘画内容与幼儿生活史的密切关系,提醒人们关注幼儿绘画对幼儿生活世界的意义,对当前幼儿绘画教育忽视幼儿生活世界的现象提出警示。正如罗泽·弗莱克-班格尔特所提醒的那样:"孩子们的图画给了我一把打开幼儿生活世界的钥匙……通过对幼儿图画的研究,我发现了感知和了解幼儿信息的新渠道。这些信息表明了孩子们当前的状况、特别的愿望和眼前

的矛盾冲突；通过这些信息，我们还可以了解孩子们的生活经历。"①

（二）叙事绘画是幼儿的原创艺术

叙事绘画表达的是自己的故事，是对自我经历与感悟的个性化表达。当然叙事绘画也叙述他人的故事，对于他人的叙述也是透过幼儿独特的视角，因而也是幼儿个性化的表达。所谓个性化表达是指幼儿用自己的绘画语言和方式表达自己的经历、体验、观点等。正如邓肯所说："如果我能用语言表达它，那么就无须一定用舞蹈来表达它。"②图2-3、图2-4、图2-5是三个6岁女孩画的《荡秋千》，画面的内容都是关于幼儿荡秋千的事件，画面涉及幼儿、秋千等造型。三幅图画记录的荡秋千的生动场面使我们不仅透过简化的人物造型感受到主人公的愉悦心情，还能从一些生活细节的表现上感受到鲜活的生活气息。"幼儿艺术最迷人最有魅力的方面，是它可以经常作为一扇窗口进入到幼儿的情感世界。"③克罗齐是表现主义美学的开创者，他认为艺术是一种心灵的活动，其根本特点是表现性，强调艺术家的主观感受、内部视野，极力主张艺术家表现内在体验和心灵激情。他提出了几个耐人寻味的关于艺术的否定命题："艺术不是物理的事实""艺术不是功利的活动""艺术不是道德的活动和概念的知识"等。三幅表现荡秋千的作品虽然表现的是同一题材和主题，但三位幼儿有自己独特的叙事。图2-3的小作者叙述的是一次改变传统坐着荡秋千的玩法，体现出了爱挑战、敢于冒险的个性特征。图2-4的小作者在画面中关注自己的小狗，她担心小狗跑丢了便想出了将小狗拴在柱子的解决方法，于是出现了幼儿与狗共同嬉戏的和谐温馨的画面，体现了该幼儿的细心、有责任心的个性特征。图2-5的小作者注重细节，用小点点表现自己满脸的笑

① ［德］罗泽·弗莱克-班格尔特：《孩子的画告诉我们什么——幼儿画与幼儿心理解读》，程巍等译，北京：北京师范大学出版社，2010年版，第6—7页。
② ［美］霍华德·加登纳：《艺术·心理·创造力》，齐海东等译，北京：中国人民大学出版社，2008年版，第80页。
③ ［美］艾尔·赫维茨等：《幼儿与艺术》，郭敏译，长沙：湖南美术出版社，2008年版，第80页。

容,并将秋千上方的柱子进行了仔细的描画,反映了该幼儿对于秋千安全性能的关注。

图 2-3　　　　　　　图 2-4　　　　　　　图 2-5

图 2-3:"这是我在游乐场玩。游乐场有旋转木马,有滑滑梯,还有个售票的地方。这是我在荡秋千,秋千的两边是花藤做的。这次我不是坐着荡秋千,我站着荡的哦。好惊险呢!我手必须抓得紧紧的哦。"

图 2-4:"我在啬园荡秋千。秋千很高,要踩着台阶才能上去呢。我把我家的狗狗拴在柱子上,要不然它会乱跑,我就找不到它了。"

图 2-5:"我每天都去我家小区里荡秋千。那个秋千上面是铁做的,很牢固的,所以我不会掉下来的。"

每个幼儿作为独立的个体具有不可重复、不可置换、不可模拟的生命独特性,是独一无二的个体。他们生活的经历、经验不同而形成各自不同的故事,幼儿的叙事绘画正是这些不同故事的表达,个体的独特性决定了幼儿的叙事绘画是原创性的。加登纳多元智能理论的贡献与其说是发现了幼儿智力的多种类型,不如说是对幼儿各自独特性的一份尊重。它提醒我们,幼儿生来就不相同。个体的独特性不仅表现为每个个体具有差异性,还表现为每个阶段的个体具有差异性。幼儿与成人的身体与精神都具有本质的不同,因此幼儿的绘画表达与成人相比在内容与方式上具有独特性。

个性化表达使幼儿叙事绘画充满原创的韵味。这样的艺术作品蕴涵了幼儿天真无邪、无拘无束的天性,是幼儿自由的、有感而发的艺术创造,它远离了成人的意志和教条,充满了自由洋溢的生命力,是真正的幼儿艺术。

(三) 叙事绘画往往是幼儿的表演游戏

幼儿的绘画与游戏在活动过程中常常相互渗透、融为一体。荷兰文化史学家约翰·赫伊津哈认为:"人类社会的伟大原创活动自始都渗透着游戏。"①叙事绘画涉及人物、事件等,叙事绘画过程往往就演变成幼儿的表演游戏。这个过程中,幼儿既是演员,又是观众,还是导演。加登纳在《艺术·心理·创造力》一书中描述了一个三岁半幼儿的叙事绘画作品的创作过程:莫莉首先小心翼翼地画出了一个大大的 M,这是她一直在努力书写的自己名字的首字母。她把 M 的底部连接起来,就成了一只"小兔"。"福罗普西,会说话的小兔子。"她竖起画纸:"你好,我是福罗普西,会说话的小兔子。我和我的伙伴们住在森林里的小屋子里。"在整个创作过程中,幼儿将字母、绘画、语言等交织在一起,多种符号相互渗透,共同构成绘画的主题,表明了幼儿"早期符号作品的丰富性和复杂性"。② 按照罗恩菲尔德的划分,三岁半幼儿正处于命名涂鸦阶段。该幼儿在探索字母"M"的过程中,发展出自己的叙事绘画。"莫莉以一个多姿多彩的故事线条激活了这些简易的轮廓,以戏剧性的表演和叙述丰富了这种朴实无华。"③莫莉在这个过程中既是个创作者,又扮演自己笔下的小兔角色。

---

① [荷兰]约翰·赫伊津哈:《游戏的人》,北京:中国美术学院出版社,1996 年版,第 5 页。
② [美]霍华德·加登纳:《艺术·心理·创造力》,齐海东等译,北京:中国人民大学出版社,2008 年版,第 110 页。
③ [美]霍华德·加登纳:《艺术·心理·创造力》,齐海东等译,北京:中国人民大学出版社,2008 年版,第 100 页。

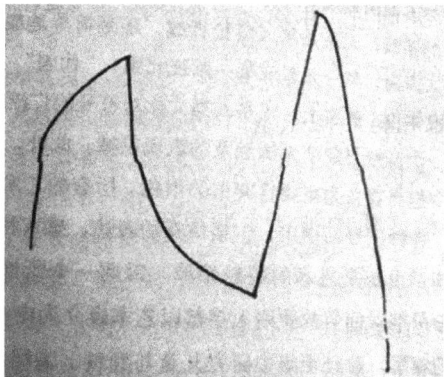 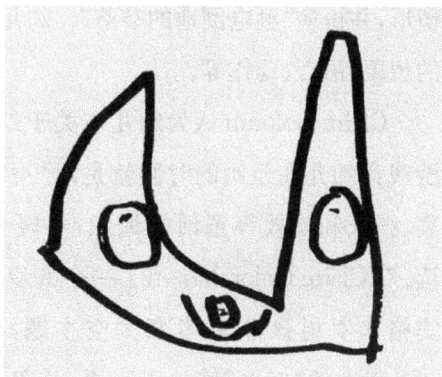

图 2 - 6   图 2 - 7

图 2 - 6："一个 M……怎么拼？这是我的名字的首字母。"

图 2 - 7："也可以是一只小兔子。看，它有两只大耳朵。一只，两只。它叫福罗普西，会说话的小兔。（拿起图纸，轻声说）你好，我是福罗普西，会说话的兔子，我和我的小伙伴们住在森林里的小屋子里。"

图 2 - 8 的小作者叙述的是自己和爷爷一起修灯泡的故事。"有一天，我爷爷修灯泡，爷爷站在桌子上，我负责开关。爷爷说如果我不小心就会把他电死。哈哈，旁边那个躺在地上的是触电的爷爷。"小作者说完就躺在地上，眼睛闭起来，说："哈哈，这就是我爷爷，他触电就会倒在地上。"画面中的爷爷形象有

图 2 - 8

两个：一个是正站在桌子上修灯泡的爷爷，一个是躺在桌子下面的爷爷。幼儿先是叙述了和爷爷一起修灯泡的生活事件，然后想象虚构了爷爷触电倒地的

情形,并扮演"触电倒地的爷爷"。幼儿在绘画过程中渗入表演游戏,融入自己的想象、语言、动作等。

Claire Golomb 认为幼儿在关于幻想题材绘画叙事时,更容易进入表演游戏:"幼儿在绘画的时候就是对'一个人的观众'的表演。通过对力量、悲哀、毁灭和挽救等童话的编织,年轻人给文化中神话主题提供了自己的解读。"①Claire Golomb 举出了一个 6 岁男孩的系列叙事绘画案例。这个名叫宾格 6 岁男孩非常迷恋太空主题,他的绘画中塑造出了几个主人公②:(1) 强大的"好人"帕兰诺宾森,长着半圆形脑袋,身体是蓝色和紫色的,他和人类不一样,他用整个身体看东西,能把自己卷进一个小球,不需要吃饭,但可以旅行和打仗。(2) 更强大的"好人"泰瑞克普斯,他也可以打敌人,长得像帕兰诺宾森,但颜色和帕兰诺宾森正好相反,他和友好的、长得像虫子一样的助手在一起。宾格创作系列绘画成为戏剧"脚本",他是个导演,塑造了一个个生动的太空战士形象;他又是观众,陶醉于其中,乐此不疲。我们不由想起席勒那句著名的断言:"只有当人是完全意义上的人,他才游戏;只有当人游戏时,他才是人。"③"每一个游戏着的幼儿都与创造性艺术家一样,是在创造一个他自己的世界,或确切地说,他是在以一种使自己快乐的新的方式重新安排他世界里的东西。"④幼儿在这样的创作过程中,游戏冲动和创作冲动浑然一体。

伊瑟尔在《虚构与想象》一书中运用了"文本游戏"(textual game)和"表演"(performance)两个概念来分析艺术创作活动中作者所发生的角色分化现象。伊瑟尔认为,对于作者来说,创作文本的过程就是一种表演,作者要扮演各种可能的角色和读者期待的角色。伊瑟尔把文本中的表演游戏看作是人类

---

① [美]格罗姆:《幼儿绘画心理学——幼儿创造的图画世界》,李甦译,北京:中国轻工业出版社,2008 年版,第 184 页。

② [美]格罗姆:《幼儿绘画心理学——幼儿创造的图画世界》,李甦译,北京:中国轻工业出版社,2008 年版,第 184—187 页。

③ [德]席勒:《审美教育书简》,范至等译,上海:上海人民出版社,2003 年版,第 124 页。

④ 转引自加登纳:《艺术与人的发展》,北京:光明日报出版社,1988 年版,第 25 页。

通过语言所作的自我扩张。美国学者布思也指出："无论是在文学创作还是日常生活中,人们在写作或说话时,往往进行'角色扮演',不同于通常自然放松的面貌。"①幼儿在叙事绘画过程中与成人艺术家是相似的,在创作的时候将自己视为不断变化的某个角色,进入自己创造的虚拟情境中,从而进入表演游戏状态,这个过程中,幼儿没有任何功利性目的和理由,由着性子开放地"玩",并不受预设结果的制约,体现出了创作中的游戏精神。

三、叙事绘画对幼儿发展的意义

(一)叙事绘画有助于幼儿获得丰富而深刻的情感体验

幼儿叙事绘画中叙述的事件或故事一般都会经历一个发生、发展的过程,这个过程中幼儿的情绪情感也会随着事件的发生发展而不断变化,幼儿能体验到一种难以名状的审美愉悦,获得丰富而深刻的情感体验,从而实现艺术的根本目的:"唤醒各种本来睡着的情绪、愿望和情欲,使它们再活跃起来,把心填满;使一切有教养的人或是无教养的人都能深切感受到凡是人在内心最深处和最隐秘处所能体验和创造的东西……在赏心悦目的观照和情绪中尽情欢乐。"②

图2-9是幼儿描述的春游中发生的事件。春游是幼儿喜欢的郊外活动,所以叙述的一开始,幼儿处于愉悦的情绪之中。从口

图 2-9

---

① 转引自杜芳:《安徒生童话自我虚构的无限与真实的有限》,《昆明学院学报》,2011年第33期。
② [德]黑格尔:《美学》(第一卷),朱光潜译,北京:商务印书馆,1983年版,第57页。

渴—抢水喝—挤呀挤—终于喝到水,事件看似简单,但是发展过程跌宕起伏,经历了发生、发展、高潮、结尾等几个环节。在这些环节中,随着事件的发展幼儿在不同的环节获得不同情绪情感体验。画面选取的是事件高潮部分——抢水的瞬间,画面的中间是老师,老师的前面是长方形的水池,两边是正在"抢水"的小朋友,"抢水"的场面没有一滴水,而是挤得变形的身体和叠加在一起的人头,表现了一个"动人心魄"的拥挤场面,让人忍俊不禁。在幼儿丰富的情感体验中,幼儿的艺术创造呈现出独特迷人的表现效果。

以下是幼儿在创作图2-9之后对画面的描述,展示了小作者经历的丰富的情绪情感过程。

我们去环保公园春游。(笑)——高兴

这是我们在抢水喝。(皱眉头)——紧张

天气好热啊,我们水都喝光了。——焦虑

邵老师带我们在公园里喝自来水。——高兴

这个自来水不是我们平常的自来水哦,是净化水,可以直接喝。——欣喜

我们口好渴,大家抢着喝水。——紧张、兴奋

我在这儿,我们挤呀挤呀。——激动、紧张

挤呀,挤呀。(双手紧握)——紧张

终于喝到水了。感觉水有点凉,但是很好喝。——激动、高兴

这真是开心的一天,也是嘴最干的一天。(笑)——开心、快乐

幼儿在叙事的过程中通常都会伴随着一些积极的情绪,很多幼儿一边画画一边哼唱,表现出一种自我满足的愉悦感。而随着叙述的变化,幼儿常常出现高峰体验的情感状态。"高峰体验"一词是对人的最美好的时刻,生活中最

幸福的时刻,是对心醉神迷、销魂、狂喜以及极乐的体验的概括。① 马斯洛曾举例说,一个在厨房为丈夫和孩子忙碌早餐的年轻母亲,当她看着太阳光照进屋里,孩子们穿戴得干净整齐,丈夫与孩子们说笑着,突然陶醉于他们的美,陶醉于自己的幸福,这就是高峰体验。在高峰体验中,人的表达与交流富有诗意,伴随着一种狂喜与神秘的色彩。图2-2中爱跳舞的作者怀着无比喜悦的心情描绘舞蹈场景。诗意一样的语言仿佛是表达这种场景的一种自然而然的语言,这时候的幼儿变得更像诗人、艺术家。图2-9中的"我们挤呀挤呀,挤呀挤呀……"幼儿仿佛失去了时空的感觉,这个时候作者的眼前只有拥挤的人群,似乎是游戏一般的场景,他只是游戏人群中的一个。于是画面中出现的是叠加的人头和错落的身体,幼儿在高峰体验中完成自己的艺术创造,在全身心的投入中似乎忘却了周围的环境和时间的流逝。马斯洛认为高峰体验"不仅是最幸福、最激动人心的时刻,而且是人们最高程度的成熟、个性化和实现的时刻"。② 这个时刻是幼儿更具有创造力、不断超越自我的时刻。"他更真实地成为他自己,更完全地实现了他的潜能,更接近于他的存在的核心,更完全地具有人性。"③

　　幼儿在叙事绘画过程中除了获得丰富的情绪情感体验之外,还能宣泄一些负面情绪。研究者发现,当幼儿完成自己的绘画作品,向研究人员或同伴讲述自己的绘画之后,常常获得一种满足感。5岁的小强多次在绘画中描述自己与同伴发生冲突的经历,包括了冲突的原因、细节等。小强常常反思自己在冲突中的言行,也表达自己的沮丧心情。研究者发现,小强每次叙述完自己的绘画之后总是能获得一种表达之后的快感,呈现出一种轻松愉悦的状态。丰富的情绪情感体验和宣泄有利于幼儿健全人格的发展。

---

①　[美]马斯洛:《自我实现的人》,许金声、刘锋译,北京:生活·读书·新知三联书店,1987年版,第9页。

②　[美]马斯洛:《自我实现的人》,许金声、刘锋译,北京:生活·读书·新知三联书店,1987年版,第312页。

③　[美]马斯洛:《自我实现的人》,许金声、刘锋译,北京:生活·读书·新知三联书店,1987年版,第315页。

马尔库塞曾经指出,强调技术理性的工业社会造就了"丧失否定、批判和超越能力的、单向度的人"。"单向度的人"是异化了的人,是缺乏真情实感、一味追求虚假的物质利益的人。马尔库塞认为,艺术可以改造人的内在驱动力,从而间接地改造世界。他认为工业社会之前的人具有艺术化生存的状态,"前技术文化的诗歌和散文中,其旋律表现的是那些漫游和乘马车的人,那些有冥想、沉思、感觉和叙述的时间和快乐的人。"①马尔库塞所描述的"有冥想、沉思、感觉和叙述的时间和快乐的人"不正是从事叙事绘画活动的幼儿吗?"生活得最有意义的人,并不是年岁活得最大的人,而是对生活最有感受的人。"②幼儿在叙事绘画中获得的丰富情感体验有助于幼儿调整情绪,唤起活力,不仅使幼儿对生活充满情趣,而且使他们在艺术活动面前表现出由衷的神往。当语言不足以表达情感的时候,幼儿可以拿起画笔将快乐、忧愁以及渴望等表达出来。这样的过程是幼儿在艺术中得到滋养的过程,是不断增强艺术感受力的过程,是塑造幼儿审美心灵的过程。

(二)叙事绘画有助于幼儿语言能力的发展

幼儿的绘画过程中常常伴随着言语行为,这些言语对于幼儿的绘画有多方面的意义。如幼儿画了一张自画像,看了一会说:"我在看电视",于是继续画上电视等物体。这样的自言自语往往是对绘画作品内容的补充。如幼儿画鲨鱼时自言自语:"啊,吃人啦!"画飞机时,嘴巴里就会发出象声词:"呜——"Claire Golomb 认为,当幼儿发现某些画面中出现不完美的地方,会借助语言对绘画进行解释和修正,如一个幼儿会将不一样长的腿说成"断了的腿"。幼儿还常常用语言对画面的省略部分进行矫正和说明,如:"它在那里,你看不到它。""孩子会使用很多小花招来解释图画中的不完美缺憾,或是改变,或是修饰……编出和涂鸦绘画没有什么联系的故事,或者揣摩不经意间画出的图形

---

① [美]马尔库塞:《单向度的人》,张峰、吕世平译,重庆:重庆出版社,1988 年版,第 51 页。
② [法]卢梭:《爱弥儿》,李平沤译,北京:人民教育出版社,2001 年版,第 11 页。

并解读它所代表的意义,或者用语言说出画不出来的东西以及各种各样对作品不满意的批评。这些语言手段是沟通幼儿愿望和其简洁性绘画之间的桥梁。但是这却会产生一种误解,把幼儿看成是一个受挫的艺术家。事实上,幼儿常常惊讶于自己的成就,因意外的成果而高兴,他们会大叫,'看我画的是什么,是一个人!'总之,幼儿的言语、评论、理由和重新解释反映出他们对绘画并不意味着是一件复制品的意识,绘画是他们所能够做到或所想做到的最好的表现。"①Claire Golomb 将幼儿绘画中的语言比喻成幼儿使用的"小花招",这些"小花招"成为幼儿绘画过程中的重要策略。

幼儿在叙事绘画中常常借助语言叙述,语言和绘画共同完成叙事绘画。

图 2-10 中幼儿描绘的是自己和小伙伴星期天在草地上踢球的事件,画面上只有三位编上号码的运动员,没有展示踢球的场景。"星期天我和哥哥、妹妹在草地上踢球。我是守门员,哥哥和妹妹踢球的时候,我要拦住球,不能让球踢到我的大门里。"对于 6 岁的幼儿来说,要塑造动态的踢球人

图 2-10

物形象是有难度的,于是幼儿选择了三位正面人物形象。踢球的动作、情节等则是用语言讲述来完成。

图 2-7 中,小作者将自己扮演成笔下的小兔角色,并生发出小兔的独白:"你好,我是福罗普西,会说话的兔子,我和我的小伙伴们住在森林里的小屋子里。"画面中并没有森林和小屋,幼儿运用角色语言与画面展现了一只住在森林的小兔的故事。前面论述了幼儿的叙事绘画常常与表演游戏融为一体,幼

① [美]格罗姆:《幼儿绘画心理学——幼儿创造的图画世界》,李甦译,北京:中国轻工业出版社2008 年版,第 39—40 页。

儿在叙述过程中进入角色表演,表演中离不开语言的介入。幼儿在叙事过程中,由于叙事内容或情节的发展,产生了积极地运用语言与角色互动的需要、愿望,在生动活泼的表演中动手、动脑、动嘴,不知不觉成为主动探求并积极参与作用的语言加工创造者。

叙事绘画的过程为幼儿提供了大量的语言表达的机会,完成的叙事绘画作品又常常成为幼儿讲述的材料。面对自己的作品或他人的作品,幼儿受到画面形象的刺激,会自发地大胆想象,与作品对话。在这个过程中,幼儿不断丰富自己的内心感受,乐于表达、善于表达,幼儿的语言能力获得发展和提高。

(三)叙事绘画有助于幼儿的认知发展

幼儿绘画中的事件常常涉及幼儿过去的经历,包含了幼儿对生活和社会的思考和理解,这个过程是促进幼儿认知发展的过程,需要记忆、想象、思维等心理过程的参与。美国国家艺术标准中肯定了美术促进幼儿认知发展的功能:"艺术是获取知识的一个渠道。学生学习艺术,随着能力的增长,乐意理解他周围的世界。当创作艺术作品时,他们就学会了如何表达自己和如何同他人沟通。"[1]图2-11中,幼儿在打针时,用一只手捂住另一只手能减轻痛感,这是小作者通过自己的探索而总结和反思的个人生活经验。图2-12中,幼儿叙述了爸爸被罚款的事件,表达了自己对于交通规则的疑问,这样的疑惑能够促进幼儿对交通规则等社会认知的探究和思考。图2-13中,幼儿表达了自己对于保护动物的看法。"在幼儿画中,他所能想到的细节显示了他智慧上的改变。幼儿画主动使用的知识说明了他的智慧程度。"[2]对于美术促进幼儿认知能力的发展,艾斯纳的论述比较全面,给我们很多有益的启示:(1)美术学习帮助学生感受事物之间的关联;(2)美术学习教育学生关注细节变化;

---

① 艾尔·赫维茨,迈克尔·戴:《幼儿与艺术》,郭敏译,长沙:湖南美术出版社,2008年版,第24页。

② [美]罗恩菲尔德:《创造与心智的成长》,王德育译,长沙:湖南美术出版社,1993年版,第53页。

（3）美术学习能够使学生学会多元化解决问题；（4）美术学习能够培养学生在行为过程中改变目标的变通能力；

（5）美术学习能够增强学生在没有规则的情况下发挥个人判断力的能力；（6）美术学习是培养学生想象力的重要资源；（7）美术学习能够培养学生在一定媒介材料限制下表现的能力；（8）美术学习能够培养学生从美学角度观看外界的能力。①

图 2－11

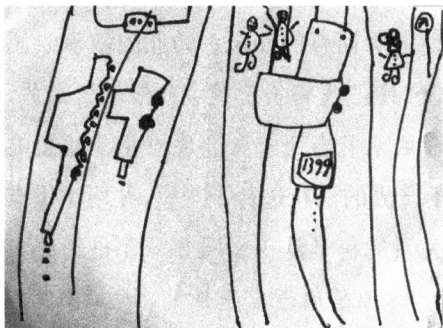

图 2－12

图 2－13

图 2－11："我生病了，有个医生戴着口罩给我打针，那个针戳在我这个手上了，我哭了，好疼哦。我就用另一只手捂在上面，这只手捂在上面就不怎么疼了。"

图 2－12："有一天我在爸爸包里发现了一个罚款单子。我问爸爸是什么，他说是警察叔叔开的罚款单。我爸爸开车去海门，我家的车牌号是1399，他看到拐弯的标记，他就拐弯了。但是，警察说他不能拐弯，就给他罚款了。我爸爸说他明明看见了拐弯的标记，为什么

---

① 黄壬来：《艺术与人文教育》，台北：桂冠图书股份有限公司，2003年版，第264—266页。

不能拐弯呢。"

图 2-13:"有一天,我和外公、外婆、妈妈去滨江公园坐快艇。快艇开得很快、很刺激。我看到了大轮船,上面有烟囱,这个烟肯定很污染环境。我还看到了帆船。长江底下有江豚的,我听说江豚一共只有 200 条了,不多了,我们应该保护它们。远处那座山我爬过的,叫狼山。"

幼儿叙事绘画中蕴涵了幼儿丰富的默会知识,这样的知识是幼儿认知发展的重要内容。"知识具有默会的成分,它在一定程度上是不可言传的。从这种意义上说,知识也是具有个人性质的。"①波兰尼把人类的知识分为两类,一类是被描述为知识的,即以书面文字、地图和数学公式加以表述的,另一类是未被表述的知识,如我们在做某事的行动中所拥有的知识。幼儿的叙事绘画中体现了幼儿拥有的默会知识,如图 2-14 中,"我爸爸带我去鼓浪屿旅游的。我们坐在船上,船开得很快的时候船后面的水就会飞起来。我看见沙滩上有好多人。我很开心,我们唱歌。"幼儿对于飞溅的浪花进行了观察,并用小黑点在画面中表现出来,隐含了船速与水浪关系的科学认识。图 2-15 是幼儿参观对小学后的绘画,"这是小学老师在上课,她是用话筒上课的,她声音很好听。"幼儿没有用语言总结出小学生活与幼儿园生活的差别,但是画面中的人物形象是四散状的,幼儿眼中小学的座位排列区别于幼儿园,小学里的幼儿可以自由地离开自己的位置,这些认识暗含在幼儿的画面之中。幼儿的劳动、购物等主题的叙事绘画中也存在大量的"默会知识"。图 2-16 中,幼儿表现的是和爷爷奶奶种菜的劳动场景,"这是我和爷爷奶奶在楼

图 2-14

---

① [英]波兰尼:《个人知识》,许泽民译,贵阳:贵州人民出版社,2000 年版,第 93 页。

下种菜，我们种的是大白菜，我们经常浇水，没过几天它们就长高了。"幼儿叙述了种菜的简单过程，没有用语言表达自己对于植物生长的认识，但画面中的植物有根、根长在泥土里等，这些认识都是以默会的意识形式存在。波兰尼认为，我们所知道的要比我们所能言传的多，幼儿更是如此。因为"幼儿比成人在某些方面更具有想象力，更能发现事物之间的微妙联系"。[①] 幼儿叙事绘画中储存的默会知识体现了幼儿丰富的默会世界。默会知识对于促进幼儿认知发展具有重要的意义，因为"默会知识是心智的根本力量，是人们获得显性知识的'引擎'"。[②]

图 2-15

图 2-16

（四）叙事绘画有助于幼儿的社会性发展

幼儿在叙事绘画中常常展示自己的社会角色，在不同的事件、场所中充当着不同的角色。如图 2-14 中幼儿是快乐的旅行者，图 2-11 中幼儿是医院里的小病人，图 2-8 中是爷爷的小助手等。不同的角色就会有不同的表现，如各种语言、动作、形象等。图 2-17 中，幼儿对自己作为购物者的描述："我和妈妈、奶奶去超市，人很多，我们必须排着队进超市。超市门口有个箭头，告诉我们那个就是进去的地方。"幼儿在画面中塑造了排着队的人物形象以及超市

①　仲建维：《今日世界与幼儿的精神生活》，《全球教育展望》，2006 年第 1 期。
②　贺斌：《默会知识研究：概述与启示》，《全球教育展望》，2013 年第 5 期。

入口的标记。图 2-18 中,"我快过生日了,我妈妈说要买蛋糕给小朋友吃。男孩吃的是哆啦 A 梦的小蛋糕,女孩吃的是 KT 猫小蛋糕。周老师会给我们拍照片。"幼儿对于自己的生日做了一次遐想和计划,强调了不同的性别吃不同的蛋糕,幼儿在绘画中体现出对性别角色的强化意识。幼儿在叙事绘画中的不同角色常常是幼儿对未来社会角色身份的初步体验,这些不同身份的角色承担了不同的社会责任。幼儿在丰富的叙事绘画中的角色体验强化了幼儿的社会角色意识,使他们对将来可能充当的社会角色有了最初的感受。

图 2-17

图 2-18

亲子活动是幼儿的叙事绘画的重要内容,如与父母共同游玩、一起购物、共享美食等。良好的亲子依恋使幼儿带着积极的态度对周围的环境进行探索,乐观、积极地与人交往。幼儿在绘画中也常常表现出对良好同伴关系的渴望与诉求,图 2-19,"我和季浩然、陈思雨是好朋友,我们家住在一栋楼里。我们三个人用压岁钱合起来买了一辆小汽车。我们三个人轮流玩。我们都是汽车的主人,哈哈。"在小作者看来,三个小伙伴共同购买了小汽车,"轮流玩"成为重要的规则之一。图 2-20 中,幼儿描绘了全家去金蛤岛旅游时对储物柜运用的规则:"我跟爸爸、妈妈去金蛤岛游泳,我们每个人都有一把钥匙,可以打开柜子。这个钥匙可以套在自己的手上。自己的钥匙只能开自己的柜子。"图 2-21 中,"这是我们小组搭积木,搭好积木之后我们一起收拾。×××负责扫地,×××负责拿积木箱,我是负责拆的。"幼儿在叙事绘

画中反映互助、合作等亲社会行为，并对相关的人际交往技能、社会规则等
进行总结和反思。

图 2-19

图 2-20

图 2-21

第 三 章

幼儿绘画中的日常生活叙事

　　研究者采用强度取样,以江苏省南通市 X 幼儿园为研究现场,以该园三个大班共 123 名幼儿为研究对象,对自由选择绘画区角进行绘画活动的幼儿提出如下建议:"你愿意画一些事情吗? 这些事情可以是你经历过的,也可以是你想象的;可以是自己的故事,也可以是别人的故事。"绘画结束后研究者访谈每个幼儿,主要提问:"你画了些什么?"研究者根据幼儿的回答,作适当追问。研究者观察并记录整个绘画过程,包括幼儿在绘画过程中的言语、行为等。研究者每周进入现场一次,每次时间约 35 分钟,每次 5—6 名幼儿参与。研究者对三个大班轮流进行观察,共收集幼儿叙事绘画作品 167 幅。绘画结束后对每一幅叙事绘画的作者进行了访谈和记录。

　　叙事学理论认为,叙述的内容可以多种多样,但无论出现什么内容,都离不开事件。事件即指一件所做或所发生的事,它引起状况发生变化。人与事件紧密相连,正如赫舍尔所说:"做人不是一个物、一种物质,而是偶然的一个时机;它不是一个过程,而是一系列的行为和事件。"①事件是幼儿叙事绘画的基本内容,幼儿通过绘画,记录、再现或幻想自己的生活和经验,表达和交流自己的思想、情感和需要。对幼儿来说,世界构成的不是一个个静止的事物,而是动态发生着的一个个事实。本研究对幼儿的叙事绘画研究除了借鉴叙事学

---

① ［美］A.J. 赫舍尔:《人是谁》,隗仁莲、安希孟译,贵阳:贵州人民出版社,2009 年版,第 29 页。

的理论框架,对幼儿叙事绘画中的事件、表现方式、叙事视角进行分析之外,还吸收和借鉴邓金对于叙事要深度诠释的观点。邓金认为深度诠释可以建立一个分析和理解的系统,从而将经验世界的丰富意义揭示出来。邓金总结出了几条诠释策略[①],如研究者必须对各种人生经历故事的叙事特征展开分析,研究者必须将个体的叙事与其生活联系起来等。对幼儿的叙事进行深度诠释是必要的,因为"故事显然并非是单纯的:它们通常包含某种信息,绝大多数情况下,它们隐蔽得如此之深,以至于讲述者也不知道自己究竟磨的什么刀"。[②] 因此,本研究在对幼儿叙述事件的主题进行归纳、整理、分析的基础上试图对幼儿的叙事绘画做出较为深入的诠释。

一、幼儿绘画中事件主题分析

研究者对收集到的叙事绘画作品和访谈资料进行编码分析,发现幼儿叙事作品中包含了三类事件:日常生活事件、日常生活＋虚构事件和虚构事件。日常生活事件是幼儿通过生活事件的讲述,展示幼儿的日常生活,叙述幼儿的生活经历和经验,表达感悟、问题、情感等。日常生活＋虚构事件是指在叙述日常生活事件基础上加上自己的想象与虚构。例如,图3-1中小作者叙述了日常生活中全家开饭的事件。"奶奶在厨房烧饭,妈妈把奶奶做的菜一盘一盘地端到餐桌上。餐桌上面有青菜、土豆丝、饮料、白开水。我希望有个小妹妹,我想象她已经坐在幼儿椅上等开饭了。我在水池边洗手也准备吃饭了。等爸爸回来,我们就开饭啦。餐桌下面的小狗泡泡已经开始吃饭了。"小作者描述了家庭中每位成员的分工,注重了事件的细节,并虚构了小妹妹这一人物形象。再如,在图2-2中,小作者叙述了自己参加舞蹈班的事件,在此基础上虚

---

① [美]诺曼·K·邓金:《解释性的交往行为主义——一个人经历的叙事、倾听与理解》,周勇译,重庆:重庆大学出版社,2004年版,第73页。

② [美]杰罗姆·布鲁纳:《故事的形成:法律、文学、生活》,孙玫璐译,北京:教育科学出版社,2006年版,第3页。

构了自己向往的"波浪裙",使得参加舞蹈班这一事件充满了浪漫的气息,这样的事件就属于日常生活+虚构事件。虚构事件则是包含了幼儿的梦、幼儿的故事等幻想性事件,是非现实生活事件。

图3-1

本研究在幼儿绘画区角共收集幼儿叙事绘画作品 167 幅。图 3-2 显示的是叙事绘画作品中三类事件的比例,表现日常生活事件的叙事作品有 58 幅,所占百分比为 34.73%;表现日常生活+虚构事件的叙事作品有 83 幅,所占百分比为 49.70%;表现虚构事件的叙事作品为 26 幅,所占百分比为 15.57%。可见,日常生活题材是幼儿叙事绘画的主要内容。

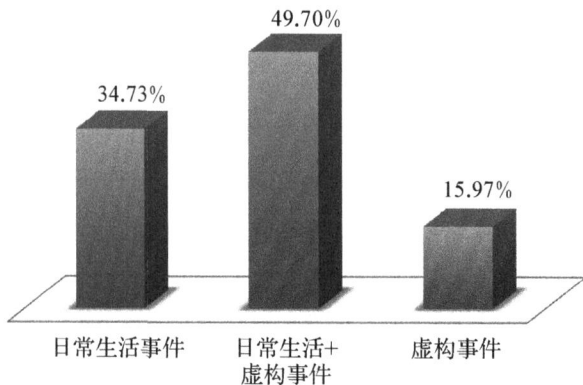

图3-2 幼儿叙事绘画中三类事件的比例

（一）日常生活叙事

日常生活事件与日常生活＋虚构事件都包括了幼儿的游玩、学习、体育活动、劳动、过生日、购物、看病等主题。巴特将事件根据功能分为核心事件和催化事件。核心事件决定事件发展的基本框架；催化事件是核心事件的伴随，对核心事件加以充实和补充。日常生活＋虚构事件的核心事件大多是日常生活事件，因此，本研究中将日常生活＋虚构事件视为日常生活题材的叙事，将幼儿叙事绘画中日常生活题材的叙事称为日常生活叙事。

本研究在绘画区角收集的关于日常生活叙事的绘画作品共 141 幅。图3－3 是关于幼儿日常生活叙事中各主题的比例统计。在日常生活叙事中，表现游玩主题的作品最多，共计 56 幅，占日常生活叙事总量的 39.72%；其次是学习主题（21 幅），占日常生活主题总量的 14.89%；接下来依次是节日活动（15幅）、劳动活动（13 幅）、购物（10 幅）、吃东西（8 幅）、去医院（7 幅）、其他（6 幅）等活动，分别占日常生活总量的 10.64%、9.22%、7.09%、5.67%、4.96%、4.26%，居于最后的是过生日事件（5 幅），占 3.55%。

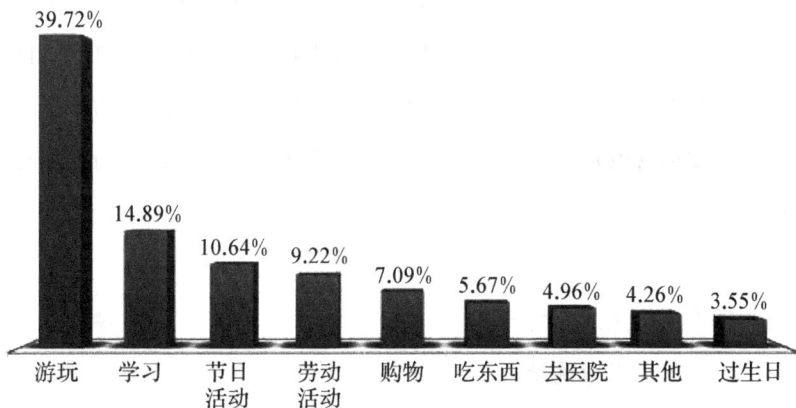

图 3－3 日常生活叙事中各主题的比例

1."我们爱游玩"

167 幅幼儿叙事绘画中表现游玩主题的作品将近 1/3,内容涉及幼儿的春游、秋游、外地旅游、去游乐场、去动物园、看电影、打游戏、摘苹果、遛小狗、体育活动等。"游玩"包含了游戏和玩耍,幼儿的户外活动,如春游、去动物园、踢球、跳绳、玩滑板是幼儿尽情玩耍的过程,这里的游戏不一定是实体游戏,更多的是一种游戏的体验,是广义的游戏。

表 3-1　游玩主题中各活动的呈现

事件	春游 秋游 外地旅游	去公园 去动物园 去游乐场 去沙滩玩	体育活动 (跳绳 打羽毛球 玩滑板 踢球)	打游戏	放风筝	看电影	摘苹果	遛小狗	看爸爸玩游戏
作品数量(幅)	19	18	8	4	3	3	2	1	1

幼儿叙述的游玩活动表达了幼儿对大自然和户外活动的向往,每一位幼儿都渴望像小鸟一样自由地在大自然快乐地翱翔。苏霍姆林斯基为幼儿创办的"蓝天下的学校"符合了幼儿热爱大自然的天性,他认为幼儿周围的世界首先就是包含着无穷现象和无限美的大自然。被称为"自然诗人"的华兹华斯认为幼儿的天性本身就是大自然的一部分,他在那首著名诗篇《每当我看见天上的彩虹》里写道:

每当我看见天上的彩虹,
心儿就激烈地跳动。
我年幼的时候就是这样,
现在成人之后还是这样,
但愿到年老时依然这样,

不然，就让我死亡！
幼儿既然是成人的父亲，
我就能希望天然的敬爱
把我的一生贯穿在一块。①

"幼儿是成人之父"，这句著名的诗句体现了诗人深刻的哲学思想和幼儿观。幼儿所拥有的纯真心灵和对自然界富有想象力的感知使幼儿更接近大自然，幼儿"看见天上的彩虹，心儿就激烈地跳动"。有的叙事绘画则表现的是室内的自由活动，如看电影、看爸爸打游戏等，这些自由活动也是幼儿尽情游戏的过程。图3-4表现的是幼儿生活中常见的秋游活动。"赵老师带我们去秋游。我们都背着书包。我摘了一朵花拿在手里，我和杨博文手拉手。球球和乖宝手拉手走在我们后面。我们看到了菊花、向日葵。"人物身体上的半圆形表示孩子们喜爱的书包，显得真实有趣。图3-5中，幼儿具体而详细地描绘了自己跟妈妈去游乐场的一日生活。"星期天妈妈带我去了苏果那里的游乐场玩。我先喝了饮料然后开汽车。爬杆之后我睡在地上了，然后我又吃棒棒糖，后来我躺在两根杆上面，头往下倒下来，那个时候我很害怕。后来我挖沙玩、滑滑梯、拍球。然后我妈妈帮我梳辫子，我又喝了饮料。后来我去赛跑、跳绳，中间那个是裁判。最后我又开汽车、跳绳了。爬杆最刺激了，地上有块垫子，摔下来就不会受伤。这根杆子有屋子那么高，我爬了一半的时候就掉了下来，哎呀哎呀……"幼儿在画面中将整个事件按照时间的顺序安排得丰富而有序。图3-6

图3-4

① ［英］华兹华斯：《华兹华斯抒情诗选》，黄杲炘译，上海：上海译文出版社，1986年版，第181页。

中,幼儿叙述了和爷爷奶奶在公园玩石头的事件。"有一天,我爷爷奶奶带我去体育公园玩。这是体育公园东边的那个亭子。我和爷爷在亭子里。爷爷帮我捡草地上的石头,我往河里扔石头,石头掉在河里的时候,水就往上喷。过了一会,奶奶喊:'末末,末末,我们回家吧!'我不知道我扔的石头有没有砸到小鱼身上。"幼儿在绘画中对于游玩事件的叙事总是渗透着积极的情绪情感体验。

图 3 - 5　　　　　　　　　　　　　　　　　　图 3 - 6

　　游玩活动的表达体现了幼儿对自由的渴望。游玩中的幼儿不仅身体是自由的,心灵也是自由的,幼儿的游玩充溢和释放着一种自由的精神。卢梭认为,真正自由的人想他能够得到的东西、做他喜欢做的事。罗素对自由的看法是:"我们所追求的自由不是压制别人的权利,而是在不妨碍他人的前提下按照我们自己选择的方式进行生活和思考的权利。"①可见,自由的核心是按照自己的意愿或计划做某事。然而,现实生活中幼儿的自由处于匮乏状态,幼儿总是普遍被要求以统一的步调,按照统一的标准,在统一的时间,参加统一的活动。曾经有一位妈妈问孩子:"你最喜欢幼儿园的什么活动?"孩子的回答是幼儿园的盥洗活动。因为只有在盥洗时间,孩子才可以离开老师的视线自由地跟小伙伴聊天玩耍。孩子的回答发人深省,在这样的教育情境中,幼儿少有自由按照自己的意愿独立思考问题,进行自由表达和交往,更谈不上自由游戏

---

① 石中英:《教育哲学导论》,北京:北京师范大学出版社,2004 年版,第 240 页。

了。于是,幼儿会加倍珍惜一切自由游玩的机会,在叙事绘画中表达出对游玩活动的欣喜和愉悦。

自由是幼儿创造的土壤,创造的过程需要想象的参与,而创造性的想象需要宽松的、自由的环境。"孩子们在游戏中让幻想自由飞翔,并且相信幻想会变成现实。同时他们也承认某些规则和限制,这一切都与创造过程十分相似,使他们的创造性思维得到很好的锻炼。"①幼儿在游玩中体验自由、追求自由,在对游玩的描绘中实现自己的艺术创造。图3-7中的人物形象的长腿给人留下深刻的影响。小作者这样描述:"我和郑包菡是好朋友。他家里盖了新房子,院子里种了苹果树,我跟郑包菡去摘苹果。我画的长长的腿就是为了摘苹果的,因为苹果树很高。"幼儿运用长长的线条创造性地塑造了两个正在摘苹果的幼儿形象,充满了夸张和童趣。图3-8是作者观看爸爸打游戏的情景。"有一天我爸爸玩一个好玩的游戏,我在旁边看,这个游戏太好玩了。我妈妈坐在沙发上看手机。"幼儿用长长的单线条表示四肢,彩色的圆圈是人物的脚,人物形象生动传神。图3-9的作者在绘画的过程中就一直处于激动的情绪状态,他边画边笑。"昨天我跟妈妈去看《神偷奶爸》,这些是小黄兵,哈哈。电影院的人很少,有很多的空位置,哈哈哈。"幼儿用简单的相连接的短线条表示影院里空的座位,纵向和横向排列的空座位将画面安排得很有层次感。这些绘画创造是幼儿的内在精神力量的体现,凝聚着幼儿的激情、愿望和兴趣。

图3-7

_____

① [苏]A.H.鲁克:《创造能力的培养》,王家柚译,上海:华东师范大学出版社,1987年版,第87页。

图 3 - 8　　　　　　　　　　　　　图 3 - 9

2. "我们眼中的学习"

167 幅叙事绘画作品中有 21 幅反映幼儿学习活动的作品,这些学习活动包括幼儿参加兴趣班学习、幼儿园的上课、在家学习画五角星以及幼儿园组织的参观小学活动等。在成人眼里,上课是典型的专门的学习活动,学习活动与幼儿的游玩相比具有较强的计划性和目的性。但是,幼儿的叙事绘画反映的学习活动却具有游玩的一些特征。图 3 - 10 描绘的是关于幼儿兴趣班乐器学习活动。"这是我上古筝课的地方。古筝上面有好多的弦,古筝上面都有一根这样的线。我每次弹古筝的时候要戴假的指甲,拨弦的时候好疼的,但是我很喜欢古筝的声音哦。"兴趣班的学习与幼儿园高结构的教学活动相比具有松散性和自由性,从画面上主人公愉快的笑容可以看出,小作者将这样的活动视为娱乐性的学习活动。图 3 - 11 中,幼儿在家跟奶奶学习画五角星,并且在作品中呈现出自己的学习成果。幼儿园教师常常用五角星作为幼儿的奖励,五角星成为幼儿进步、表现好的一种符号。幼儿通过绘画表达了自己学会画五角星的成就感,这样的学习是幼儿快乐的自主学习。

图 3-10

图 3-11

　　幼儿的叙事绘画表明幼儿眼中的学习不同于成人专门的文化知识学习，幼儿的学习融合在幼儿的游玩、劳动、购物甚至看病等日常生活之中。图 3-12 是本研究中唯一一幅表现幼儿上课的作品，幼儿没有描绘我们常见的幼儿园里排排坐上课的情景，而是选取了独特的视角。"这是丁老师在给我们小朋友上课。丁老师很漂亮，她有长长的头发，头发上有漂亮的圈圈。我们老师每天都穿裙子。丁老师的高跟鞋也很好看，因为地上有防滑的点点，所以丁老师不会摔倒。丁老师上课了，她在黑板上画了小朋友，两边画了小草。丁老师说小朋友要走人行道。我们班上的黑板下面是有轮子的。"虽然是反映幼儿上课的作品，但是幼儿关注了老师的高跟鞋。对幼儿来说，他们并不知道摩擦力的知识，而是以一种直觉的、自发的学习方式反思老师高跟鞋与防滑点的关系。图 3-13 中，"妈妈带我去超市买东西。我们买了很多东西装在包里面。妈妈给我卡去结账，这样就可以不给钱了。营业员阿姨前面挂了很多的袋子，前面有个柜子告诉别人是多少钱。"幼儿在生活实践中建构了"银行卡"具有代币功能的认识。图 2-11 中，幼儿在打针时用一只手捂住另一只手来减轻痛感，这是小作者通过自己的探索积累的个人经验。图 3-14 表现的是小作者遛小狗的愉快事件。"奶奶家养了一只小狗。我最喜欢遛小狗啦。那只小狗很调皮，经常咬住那根绳子。我必须把绳子斜过来拉，它往前走，如果我往上拉的话，它就会跳。哈哈。"小作者在遛狗的过程中把握绳子的方向，积累遛狗经验。图

3-15中,"我跟妈妈去体育公园玩。我们在这个爬高的地方玩的。这个网好高。爬的时候手要抓紧,要不然会掉下来的。脚要站在这个杆上面,爬到很高的地方,就会感觉有风。越往下风就越小了。"幼儿在游玩中感知风的特性,表明了幼儿在认识世界、感知事物的过程中具有直觉式、模糊式的特点。

图 3-12

图 3-13

图 3-14

图 3-15

幼儿在叙事绘画中表达的很多技能和经验不是成人教授的,而是幼儿在生活中自发探究和学习的产物。美国学者霍尔特曾经广泛考察幼儿在日常生活中进行的学习活动,由此发现幼儿最初对语言、概念、阅读和运动等一系列的学习都是在日常生活中进行的。幼儿的学习具有原初性和自发性的特点,人类最初的学习活动就是在日常生活和生产中进行的,是在直接经验中的学习。"任何有价值的知识都是要通过幼儿自身不断建构而主动获得。"①如果不能认识到幼儿这样的学习特点,成人就会偏向利用专门的学习活动向幼儿提供、灌输可考察的外显知识,从而使幼儿的学习与生活分离开来。

3."生活中的'你''我''他'"

人物是事件中必不可少的要素,日常生活事件中的人物形象反映了幼儿的人际互动。141幅以日常生活为题材的叙事绘画中的人物形象包括了幼儿、同伴、家长、教师等(见表3-2)。表现与家人共同活动的作品有75幅,超过了日常生活叙事作品的1/2,其次是表现与同伴活动的作品36幅。叙述事件中没有出现人物形象的作品有4幅,作品中表现与教师共同活动的作品最少,分别是秋游、上课主题的3幅作品。

表3-2 日常生活事件中的人物形象呈现

作品中与幼儿互动的人物形象	与家人(妈妈、奶奶、爸爸、爷爷)	与同伴	幼儿独自一人或与小动物	其他人	无人物形象	与教师
作品数量(幅)	75	40	12	7	4	3
在日常生活叙事中的百分比	53.19%	28.37%	8.51%	4.96%	2.84%	2.13%

从幼儿的叙事绘画中可以看出,家人、同伴在人际关系上与幼儿接触频度高、聚合性强。父母与幼儿的交往是天然的、直接的,起着其他人际交往无可替代的作用。美国社会学家库利提出了首属群体理论,首属群体是幼儿直接生活在其中、与群体成员有充分的直接交往和亲密人际关系的群体,首属群体的运转依靠的是人与人之间的情感联系。图3-16描述了幼儿与妈妈一同吃火锅的场景。"昨天我跟妈妈在家里吃火锅。我们喜欢吃火锅,吃火锅的时候很暖和。火锅上面有开关,有的开关可以调温度。火锅冒很多很多的烟。"幼

---

① 于冬青:《走向生活世界的幼儿园课程设计研究》,东北师范大学博士学位论文,2008年,第75页。

儿运用放射状的长长的线条和各种圆圈分别表示火锅冒出的浓浓的烟和火锅的开关,人物形象简洁,画面充满温馨舒适的美感。图3-17中,"妈妈带我去医院拔牙,医生用棉签在我牙齿上面涂了一下,这棉签上面有麻药的,这样拔牙就不疼了。妈妈叫我要勇敢。"图3-18中,"昨天我和奶奶、妈妈在家吃蓝莓,吃完蓝莓,我们的嘴巴都是蓝色的啦,哈哈。"图3-19中,"我去我外婆家,我外婆在厨房里,她让我自己洗脚。我用一条黄色的毛巾擦脚。我很高兴,因为我在我自己家里都是奶奶帮我洗脚,我在外婆家就可以自己洗脚。自己的事情应该自己做的。"幼儿叙事绘画中表现幼儿与家人人际互动的比例最高,表明了家庭是幼儿的首属群体,家人是幼儿的互动性重要他人。家长在幼儿的眼中更多地体现为"类同伴"的角色,在游玩、吃东西、购物、劳动等事件中,家长与幼儿一起游玩、共同劳动、共享美食,家长成为幼儿的亲密伙伴。幼儿叙事绘画中的同伴形象主要出现在游玩主题中,特别是踢球、跳绳等体育活动事件中。社会学家米尔斯代认为,随着幼儿年龄的增长,父母对幼儿的作用减弱,同伴的影响逐步增强。这个观点得到心理学家卡根的认同,卡根认为[1],幼儿5岁之前对幼儿的个性形成起决定作用的是父母,下一个五年期间的心理发展以同伴和兄弟姐妹间的交往影响最为重要。

图 3-16

图 3-17

---

① 章志光:《社会心理学》,北京:人民教育出版社,1996年版,第326页。

图 3 - 18　　　　　　　　　　　　　　　　　　　　图 3 - 19

　　值得一提的是，167 幅幼儿叙事绘画作品只有 3 幅作品涉及幼儿园教师形象，占日常生活叙事的 2.13%。几乎缺席的教师形象表明了幼儿视野中的教师没有成为幼儿的亲密伙伴，教师只是秋游、上课等活动中的组织者。梁玉华的研究表明[1]，幼儿教师认为自身在幼儿面前的角色地位依次是朋友、教育者、组织者、保育者和学习者。教师视角中的教师角色与幼儿在叙事绘画中的教师角色形成鲜明差异。有研究者也得到类似的结果，薛梅的研究发现，教师参与幼儿游戏活动在幼儿的经验中是缺失的，"实际上在大多数游戏中，教师仍是一个虚假的游戏参与者……她还是站在成人的位置，以游戏的指导为直接目的。"[2]游戏是幼儿的基本活动已经成为共识，那么教师除了作为幼儿游戏的组织者，更应该成为幼儿的游戏伙伴。本研究中，幼儿大多描绘了与家人共同活动的事件，如游玩、学习、购物、劳动、吃东西、过生日、看病等，家长成为幼儿生活、情感等方面的陪伴者、照顾者。因此，幼儿叙事绘画中几乎缺失的幼儿教师现象令人深思。教师是否真正成为《幼儿园教育指导纲要（试行）》中倡导的合作者、支持者、引导者，我们应该从幼儿的叙事、幼儿的视角去观照和验证。

---

　　① 梁玉华：《师幼关系中幼儿教师的角色意识探析》，《学前教育研究》，2006 年第 3 期。
　　② 薛梅：《我们喜欢什么游戏——5—6 岁大班幼儿游戏喜好研究》，南京师范大学硕士学位论文，2009 年。

日常生活叙事属于"小叙事""个体叙事"。日常生活是与幼儿生命的生存息息相关的领域，是幼儿生命成长的根基和主要领域。衣俊卿指出："所谓日常生活，总是同个体生命的延续即个体生存直接相关。"①伯格认为日常生活是真实的，是我们生活中基本的东西，但日常生活与叙事有区别（见表3－3）。对幼儿来说，每天的日常生活不断重演，幼儿的游玩、学习、购物、看病、过生日等是幼儿日常生活的主要内容，但是并非所有的日常生活都成为幼儿叙事的内容，只有经过幼儿不断领悟、揣摩、发现、搜寻、建构的生活才能成为幼儿叙事。布鲁纳认为："故事具有塑造我们日常经验的力量。"②日常生活叙事是幼儿自我意识发展的结果。幼儿运用绘画表达"我"的生活和"我"的世界，日常生活成了幼儿心灵中自然淌出的经验诉求物，幼儿的日常生活具有本质意义上的独立性。幼儿的艺术与幼儿的日常生活世界具有天然的亲近性，二者都是感性的家园，作为感性领域的日常生活中包含了大量生动丰富的原始生活事件。事件是一系列行为构成的动态连续体，事件的全貌表现为一个完整的过程，具有特定的起因、人物、背景与活动。事与人具有不可分离性，任何生活都"不是预先设定好了的，而是一个不断发现意义、生成意义、实现意义的过程"。③如图3－6中幼儿对自己扔石头的事件后果进行反思，图3－13中幼儿以具象性的细节叙述了自己对"银行卡"与"钱"的关系的朴素认知以及对超市营业员工作忙碌的感受。日常生活的意义不断穿越幼儿的"心门"，得到幼儿心灵的认同、认可和悦纳。赫舍尔说："人的存在从来就不是纯粹的存在。它总是牵涉到意义……人的存在要么获得意义，要么叛离意义。对意义的关注，即全部创造性活动的目的，不是自我输入的，它是人的存在的必然性。"④从幼儿日常生活事件叙事中，我们可以挖掘幼儿日常

---

① 衣俊卿：《回归日常生活世界的文化哲学》，哈尔滨：黑龙江人民出版社，2000年版，第191页。

② [美]杰罗姆·布鲁纳：《故事的形成：法律、文学、生活》，孙玫璐译，北京：教育科学出版社，2006年版，第5页。

③ 鲁洁：《生活·道德·道德教育》，《教育研究》，2006年第10期。

④ [美]A.J.赫舍尔：《人是谁》，隗仁莲、安希孟译，贵阳：贵州人民出版社，2009年版，第35页。

生活的意义和价值。因此,意义和价值天然地存在于日常生活中,是日常生活的固有属性。肯定幼儿日常生活的意义和价值就是肯定幼儿自身,肯定人精神世界的意义和价值。

表3-3 叙事与日常生活的区别①

叙事(通过中介)	日常生活
虚构的	真实的
有开头、中间、结尾	都是中间
集中	分散
冲突激烈而持续	冲突缓和而散乱
每个故事各不相同	重演
对结局的好奇	目标模糊
以充满事件为基础	以没有事件为基础
模仿生活	模仿艺术

(二) 虚构叙事

167 幅幼儿叙事绘画中表现虚构事件的作品共 26 幅,占作品总量的 15.57%。当然,日常生活+虚构事件中蕴含了大量的虚构叙事成分。日常生活+虚构事件以幼儿的生活事件为素材,创作过程中又不完全拘泥于生活事件,而是在生活事件中加入想象、创造的成分。图 3-20 中,幼儿描述了自己和爸爸看电影的事件,在画面中除了有现实生活中的停车位、电影院等,还有小作者虚构出的池塘。"有一天,我爸爸带我去南大街看电影,我爸爸先把车停在停车位上,然后我们去买电影票。我们等了好长时间才看电影。我画了个池塘,在等待看电影无聊的时候就可以去池塘钓鱼,哈哈。"图 3-21 中,小作者画的是自己和小伙伴做早操的场景,画面中的左边第一个人物形象是幼

① [美]阿瑟·阿萨·伯格:《通俗文化、媒介和日常生活中叙事》,姚媛译,南京:南京大学出版社,2006 年版,第 139 页。

儿想象的稻草人，"这是我们在做早操，稻草人也来和我们一起做早操了。"图
3-22中，幼儿画出了波浪式的弯曲的小草。"春游的时候我们玩了飞车，坐在
转转椅上感觉飞翔的样子，很刺激，草地在我看来也跟着一起弯曲、旋转起来了。"另外，幼儿的叙事绘画创作往往属于"过去时态式"，从亲身经历到记忆中的真实，再到笔下的物象情景，其生活的原生状态往往已不可避免地发生了变形。

图 3-20

图 3-21

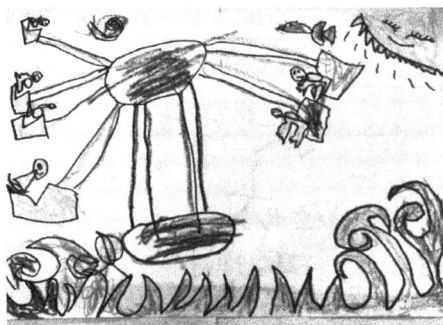

图 3-22

　　虚构叙事包含了虚构事件与日常生活＋虚构事件中的虚构成分。虚构叙事作品大致包括三类主题：幼儿的梦、幼儿的愿望、幼儿的故事。图 3-23、图 3-24、图 3-25 中都是关于幼儿美好梦境的描绘。图 3-23 中，"我梦见我来到太空，太空里有宇宙飞船，还有很多小花。我看见了太阳、地球、月亮。"图 3-24 中，"我们一起去动物园玩。我们看到了孔雀，孔雀开屏的时候我们好开心。有一天我就做了个梦，我骑在孔雀身上，好开心啊，小朋友们在排队，大家轮流骑到孔雀身上。"图 3-25 中，"我梦见我和我的小伙伴变成了花仙子，我们都有翅膀，可以飞上天。"除了叙述美好梦境，幼儿也通过梦境叙述自己的困

境和担忧。图 3 - 26 中,"这是我好几天之前做的一个梦,好可怕好可怕。我到现在都觉得害怕呢。我坐在一个滑梯上面,我妈妈和奶奶叫我滑下去,但是我滑下去的话就会变成石头人,我不想滑下去,但是我奶奶和妈妈一定要叫我滑下去。哦,好可怕!"图 3 - 27 中幼儿描述了内心关于"2012 世界末日"的担忧与恐惧,充满了对于未知的太空世界的不安。"地球快爆炸了。我们都来到了太空生活。赵宏杰拿了个大棒子,他看见了一个外星人,这个外星人是个不好的外星人,是个坏人。赵宏杰就用棒子打了那个外星人,外星人的头上就长了一个包。有许多的火箭,有的是胖胖的火箭,有的是长长的火箭。有个小女孩头发很长很长,她被吹上了天空。我还看到了太阳和月亮。"当成人谈论着世界末日这些话题的时候,幼儿有自己的困惑和自己的恐惧,他们通过绘画表达出自己的不解和自己的思考。幼儿在最初的生存境遇中,也如原始初民一样常常被未知的空间、空旷的时间所造成的恐怖紧紧缠绕。

图 3 - 23

图 3 - 24

图 3 - 25

图 3－26

图 3－27

　　幼儿通过绘画表达自己生活中的愿望,这些愿望常常通过虚构叙事来完成。图 3－28 中,"我希望我能够拿到金牌,这样我和我的好朋友一起上台领奖,哈哈。"图 3－29 中,"我跟奶奶学习扫地,我总是扫不干净。我希望我能够像奶奶一样,把地扫得干干净净。"图 3－30 中,"我最近在学习滑板车,我现在还不会滑起来。我希望我有一天像我哥哥那样站在车上滑得很快,就是这个样子。"这一类虚构叙事往往源于日常生活事件,如幼儿的舞蹈、领奖、日常的劳动、体育锻炼等。幼儿在此基础上加上自己的联想,表达自己想要达成的愿望,如图 3－7 中,幼儿为了摘苹果将自己画成"长腿人",图 3－20 中为了等待观看电影而画的池塘,这些愿望和美好的梦境都代表了幼儿的审美理想。杜威说:"将自己投入到对过去的回忆和对未来的期待的经验,逐渐构成了一种审美理想。"①杜威将审美理想与人的过去经验、未来期待紧密联系在一起。幼儿通过叙事绘画描绘自己的故事,如王子和公主结婚的故事(见图 3－31)、白雪公主与小矮人的故事、西游记的故事等,这些故事原型来自幼儿观看的动画片、听来的童话故事等。

---

① [美]杜威:《艺术即经验》,高建平译,北京:商务印书馆,2007 年版,第 18 页。

图 3 - 28

图 3 - 29

图 3 - 30

图 3 - 31

    幼儿绘画中的虚构叙事为幼儿创造了一个可能世界。亚里士多德在《诗学》中说:"显而易见,诗人的职责不在于描述已发生的事,而在于描述可能发生的事。"①席勒说:"在力的可怕王国与法则的神圣王国之间,审美的创造冲动不知不觉地建立起第三个王国,即游戏和假象的快乐王国。"②幼儿通过虚构叙事建立自己的"假象王国"。这个假象王国也是幼儿的可能世界。可能世界这一概念可以追溯到莱布尼兹,他站在神学的立场上,认为上帝在创造了现实世界的时候,也创造了无穷的可能世界。人可以在这个世界里表达可能、必然、假设、愿望等。幼儿的可能世界具有理想性,在这个世界里,他们无拘无束、上

———————————

① 亚里士多德:《诗学》,罗念生译,北京:人民文学出版社,1997年版,第28页。
② [德]席勒:《审美教育书简》,冯至、范大灿译,上海:上海人民出版社,2003年版,第144页。

天入地、力大无穷、神机妙算,充分满足自己难以实现的愿望。这个可能世界是"被编码了的生活经验,充满了可感知的具体客体和心理行为"。① 虚构叙事使幼儿摆脱现实的束缚,把自己提高到一个不受外力、外界控制,不做被动活动的自由驰骋的精神境界。在这种自由状态中,幼儿的心绪不再受到任何强制,处于放松的自由的审美状态。"只是在审美状态中,我们才觉得我们像是脱开了时间,我们的人性纯洁地、完整地表现了出来,仿佛它还没有由于外在力的影响而受到任何损害。"②"通过叙事,我们构建、再构建,在某些方面将昨天和明天改头换面。记忆和想象在过程中融为一体。即使当我们创造虚构的可能世界时,我们也没有放弃那些熟知的事物,而是将它虚拟为可能是和可能将会是的东西。"③因此,我们有理由认为,幼儿虚构叙事的过程是幼儿不断实现审美自由的过程。

二、多重语境下的幼儿叙事绘画

传统叙事学研究中,研究者被要求以一种客观的态度对待叙事作品,如对叙事作品的结构、事件等做出客观的描述,常常会忽略这样一个事实:在叙事作品中,涉及价值的、审美的、心理的一些文化意义上的因素无所不在,去掉这些因素,叙事作品的魅力就会丧失。因此,后经典叙事学重视叙事作品的创作语境,在叙事学的构架下,从相互关联的多个层面对作品加以把握和分析。任何语言的使用都是在一定的语境中进行的,语境即语言运用的环境。人类学家马林诺斯基最早提出了语境这一概念,他提出的"情景语境"和"文化语境"的概念使"语境"包含了语言相关的外部世界的特征,从而超越了语言内部语境的界限。英国语言学家弗思在此基础上将语境分成语内语境和语外语境。

---

① 张新军:《可能世界叙事学》,苏州:苏州大学出版社,2011年版,第58页。
② [德]席勒:《审美教育书简》,冯至、范大灿译,上海:上海人民出版社,2003年版,第189页。
③ [美]杰罗姆·布鲁纳:《故事的形成:法律、文学、生活》,孙玫璐译,北京:教育科学出版社,2006年版,第77页。

他重视语言外部的特定情景,指出人们的话语应该与其发生的背景联系起来加以研究。弗斯认为语境是分层次的,最高层次的语境是文化语境。幼儿的绘画是幼儿的"百种语言"之一,它不是孤立的作品,应该在多重语境下揭示幼儿叙事绘画的内涵。

　　"画内语境"是幼儿叙事绘画语境的第一层级。如幼儿创作的西游记的故事中,从画面看,画面形象只有山、亭子和一条通往山顶的"通天河"等。罗泽·弗莱克-班格尔特提出了对待幼儿绘画的四种方法,其中第一种方法即是对幼儿绘画的"外表"进行研究,但是她反对仅仅从幼儿画的"外表"对其进行理解和说明。"这个方法只能作为一种辅助手段,它可以帮助我们更好地弄清这幅画,并能引发我们进行进一步的思考。"[1]罗泽·弗莱克-班格尔特借鉴了弗思在初次观察绘画时提出的问题:[2]

　　　　这幅画要向我传达一种什么样的感觉?

　　　　我们可以发现这幅画的什么特点?

　　　　画的中心是什么?

　　　　还缺少什么?

　　　　可以发现哪些隐藏的含义?

　　　　画面上的物体大小、形状以及运动的方向都是怎样的?

　　　　哪些内容一再被重复?

　　显然仅仅第一层级的"画内语境"的把握是远远不够的。小作者为什么反复描画这样的"通天河"?"通天河"在他的精神生活中有着怎样的意义?我们必须进入第二层级的语境去考察。

---

　　① [德]罗泽·弗莱克-班格尔特:《孩子的画告诉我们什么——幼儿画与幼儿心理解读》,程巍等译,北京:北京师范大学出版社,2010年版,第40页。

　　② [德]罗泽·弗莱克-班格尔特:《孩子的画告诉我们什么——幼儿画与幼儿心理解读》,程巍等译,北京:北京师范大学出版社,2010年版,第41页。

　　幼儿叙事绘画的第二层级语境是"全人语境",即把幼儿的叙事绘画与幼儿的整体生活与个性特征相联系。"我们应该了解孩子的个性,考虑孩子有哪些独特的经历,还应该考虑其生活经历以及目前的生活情况。"①罗恩菲尔德是"全人语境"的倡导者,他认为幼儿的美术作品包含了智慧、感情、社会、知觉、生理、美感、创造性等七个方面的成长。作者小凯喜欢看动画片《西游记》,故事中的"通天河"给他留下了深刻的印象,使他充满着想象和好奇。在小凯的眼里,这条神奇的河流可以直通天上,这条河可能跟山差不多高,沿着这条"通天河"就可以游到天上。通过访谈小凯的家长、老师,对小凯的个性特征做了全面的了解。小凯好奇心强,爱幻想,常常沉迷于自己的想象中。杨义认为:"依据文本及其叙事视角,进行逆向思维,揣摩作者心灵深处的光斑、情结和疤痕,乃是进入作品生命本体的重要途径。"②将幼儿的叙事绘画作品和幼儿的"生活史"有机地联系起来,进而深刻地解读作品中所蕴含的幼儿心灵密码。

　　第三层级语境是"幼儿文化语境"。幼儿文化"是幼儿表现其天性、需要、话语、活动、价值观念以及幼儿群体共有的精神生活、物质生活的总和"。③"幼儿文化是诗性的、游戏的、童话的、梦想的,是好奇的、探索的……"④小凯对"通天河"的想象是幼儿天性的表现和表达。幼儿是幻想的动物,幻想可以使他们超越时空的限制,幻想可以使他们的生活更加丰富和精彩,幼儿的叙事绘画中处处充满着自由的想象和创造。如图2-2中,幼儿在壮观的舞蹈场景中想象出自己向往的"波浪裙";图3-7中,幼儿为了表示自己可以摘到树上的苹果就拉长人物的双腿,塑造了摘苹果的"长腿人",等等。这样的自由与创造体现了幼儿文化的诗性特征。

　　绘画区角收集的幼儿叙事绘画中将近1/3的作品表现的是游玩主题,体

---

　　① [德]罗泽·弗莱克-班格尔特:《孩子的画告诉我们什么——幼儿画与幼儿心理解读》,程巍等译,北京:北京师范大学出版社,2010年版,第41页。

　　② 杨义:《中国叙事学》,北京:人民出版社,1997年版,第204页。

　　③ 刘晓东:《幼儿文化与幼儿教育》,北京:教育科学出版社,2006年版,第34页。

　　④ 刘晓东:《幼儿文化与幼儿教育》,北京:教育科学出版社,2006年版,第35页。

现了幼儿对自由的渴望与追求。每年的六一儿童节期间,幼儿园都会开展各种庆祝活动,当研究者在六一儿童节的第三天来到幼儿的绘画区角观察幼儿的叙事绘画时,几乎没有孩子画关于六一庆祝活动的事件。当研究者访谈孩子们"为什么不愿意画六一活动呢",孩子们的回答是:"唉,太累了""没什么好画的,就是跳舞呗""没什么好玩的",等等。反思幼儿园的六一庆祝活动,不难发现,这类活动往往都是成人按照自己的计划策划的活动,幼儿只是其中的演员和道具,在这样的活动中幼儿往往是失去自由的。幼儿叙事绘画除了表达对自由的向往,还体现出对平等与被尊重的渴求。幼儿叙事绘画中的成人大多是他们的玩伴,一起购物、一起玩游戏、一起打球、一起品尝美食等。幼儿叙事绘画体现出的崇尚自由和平等的精神,正是幼儿文化的核心——游戏精神。"幼儿文化对每一个幼儿敞开着,每一个孩子都天生持有一张进入幼儿文化的通行证,参与生活,就意味着必须生活在幼儿文化之中。"[1]幼儿的叙事绘画与无叙事绘画相比,具有更丰富的思想和情感。幼儿有着独立的不同于成人的生活,幼儿文化与成人文化有着本质的差别。幼儿文化是以一种幼儿自己的思想和行为来决定其价值和标准的文化。将幼儿的叙事绘画置于幼儿文化这一更广阔的语境,可以使我们更好地理解幼儿的艺术,更贴近幼儿的视野。"艺术对于幼儿不过是表现的方式而已,因为幼儿的想法和成人不同。"[2]

幼儿的叙事绘画不仅表现幼儿文化的某些特性,还能透视出幼儿文化与成人文化的碰撞,幼儿常常通过叙事绘画叙述着对成人文化的不满,并质疑成人文化。滑滑梯可能是大多数幼儿喜爱的活动,但是图3-23的小作者却害怕参加这一活动。于是孩子的父母总是要求孩子能够像其他孩子一样滑滑梯,认为孩子不敢滑滑梯是不勇敢的表现。每个幼儿有各自的喜好和恐惧,但是成人往往用自己的准则对待所有的孩子。本研究中一个幼儿在三幅作品中叙述由于"不听爸爸的话"被爸爸打的事件。所谓"爸爸的话",往往是成人根

---

① 边霞:《幼儿的艺术与艺术教育》,南京:江苏教育出版社,2006年版,第12页。
② [美]罗恩菲尔德:《创造与心智的成长》,王德育译,长沙:湖南美术出版社,1993年版,第12页。

据自己的标准制定出的一套强求幼儿服从的规定和要求。幼儿的自然天性总是受到家庭、幼儿园和社会的外部管束，经常处于被管教、训斥，面临禁忌和挑战的生存环境中。"这种压制，其实是一种使幼儿社会化的过程，家庭的禁忌和社会的挑战都是在执行着社会化的职能，训导着幼儿去适应社会生活。然而在这一过程中，不可避免地遗留下了幼儿压抑的'情绪'，正是这种'情绪'与审美产生了关联。"①

在多重语境中考察幼儿的叙事绘画，可以帮助我们深刻认识到，幼儿的绘画不是孤立的文本，它包含了幼儿的意义世界，反映了幼儿丰富的精神生活。只有进入幼儿文化语境，我们才不会用成人的艺术标准对待幼儿的艺术，正如我们不能用成人文化压制幼儿文化。幼儿的叙事绘画是幼儿文化的重要内容，处处体现出幼儿文化的特质，同时也不断创造着幼儿文化。对幼儿叙事绘画的研究，可以进一步加深成人对幼儿文化的整体性理解。

---

① 班马：《游戏精神与文化基因》，兰州：甘肃少年幼儿出版社，1994年版，第87页。

第四章

幼儿绘画常用的叙事手法

一、自由符号的使用

幼儿的绘画中常常出现文字、数字等符号。图 3-6 中的"末末"是小作者的名字，文字写在画面中的人物形象"奶奶"的上方，"奶奶喊：'末末，末末，我们回家吧！'"这样的符号是对画面内容的补充，是画面的组成部分。

（一）自由符号是幼儿绘画的"补充语言"

如同幼儿在学会一首儿歌会在许多场合（包括独自游戏时）自发朗诵，幼儿在学会某些符号的制作后会在许多的绘画活动中自发地运用。

有时候这些符号与主题有关，图 4-1 中，幼儿将少年宫写成"少年工"，用文字代表某一地点；图 4-2 中，幼儿将"易初莲花"写成"1 出莲花"，并写出了"KFC"；图 4-3 中，幼儿将自己会写的汉字呈现在图画中。这些简单的符号具有指示性，代表某些地点、人物对话等，弥补幼儿绘画中的某些形象的不足。幼儿通过与主题有关的文字或与画面中其他形象具

图 4-1

有关联的符号对自己的绘画作品进行补充说明,这是幼儿叙事绘画中经常出现的现象。不同表现的自由符号反映出幼儿思维由具象向抽象的发展趋势。罗恩菲德曾用诗一样的语言论述了艺术对幼儿的重要意义:"艺术必须成为幼儿的朋友,当言语不足以表达他们的欣喜、恐惧和挫折时,他或许便得以依赖它。"[①]同样地,随着幼儿年龄的增长,尤其在学前末期,当艺术、言语不足以表达他的内心世界时,他或许要依赖其他,如文字等符号。

图 4-2   图 4-3

图 4-1:"星期天妈妈带着我去少年官学画画,妈妈穿的那件红色 T 恤上面有字母。路边有路灯,还有超市。那边是我的幼儿园。我想起我以前爬的山,这个像波浪的山我爬了很久很久好累好累终于爬上去了。"

图 4-2:"我爸爸妈妈还有我去吃肯德基。这是易初莲花超市那里的肯德基。这是我的家,我家离那个肯德基很近,所以我们经常去。"

图 4-3:"这是小学老师在上课,老师教小朋友写字。我看见有两个小朋友在下面玩,老师没批评他们。"

在学前末期,在幼儿园的早期阅读活动、系列幼小衔接活动和家庭中,幼

---

① 罗恩菲德:《创造与心智的成长》,王德育译,长沙:湖南美术出版社,1993 年版,第 11 页。

儿有许多机会接触文字,对文字充满了强烈的好奇。因此,"幼儿的艺术与幼儿精神世界的某一阶段的主旋律有关,而且也与幼儿直接感知的环境有关。"[①]幼儿在绘画中尝试用这些符号解决自己用图画难以表达的问题,他们发现文字可以使主题表达得一目了然。尽管有时候他们的文字显得笨拙,甚至犯错,他们乐此不疲,体验文字等符号带给他们的成功和快乐。

(二)自由符号是幼儿绘画中的"游戏材料"

有时候自由符号与绘画主题无关。如某幼儿在画面的左侧写下的大小不一的数字和英文字母,而图画中的数字与文字等与绘画主题没有内在的逻辑联系。现实生活中我们也常常见到幼儿画面的空白处有这样的自由符号。幼儿的绘画中自由符号的出现是由幼儿艺术的本质决定的。康德认为,艺术的本质是自由的,它具有游戏的特色。对幼儿来说,"游戏往往是艺术,艺术往往是游戏"。[②]幼儿所掌握的这些自由符号就好似幼儿的游戏材料,他们在绘画过程中随时抛出这些"游戏材料",使它们在绘画的空隙处,随时地、魔术般地、俏皮地展示出来。幼儿在绘画中任意地展现这些自由符号与幼儿的自我中心思维的特点有关。幼儿在这一时期往往只注意主观的观点,不能考虑客观事物,只能考虑自己的观点,无法将自己的观点与别人的观点协调。幼儿不管这些自由符号与画面主题有无关系,也不管他人是否会产生疑惑,他都会自由地展示自由符号。

在幼儿园美术集体教学活动中这种现象比较少,而美工区等比较自由的绘画场域中的自由空间允许幼儿拥有这样的游戏空间和时间。幼儿的绘画活动是幼儿尽情嬉戏、游戏的过程,无须顾虑成人的评价。难怪加登纳说"幼儿通过游戏,使世界之难以制服与难以理解的方面变得可以制服和可以理解"。[③]同时加登纳认为"这种活动也是发展的一个关键成分","幼儿在自己的游戏中

---

① 刘晓东:《幼儿教育新论》,南京:江苏教育出版社,1998年版,第242页。
② 刘晓东:《幼儿教育新论》,南京:江苏教育出版社,1998年版,第241页。
③ 加登纳:《艺术与人的发展》,兰金仁译,北京:光明日报出版社,1988年版,第214页。

实验自己的行为、行动和知觉,而无须害怕报复或失败","从而有助于对这些经验的掌握与综合"。① 平时幼儿也许必须按照一定书写要求书写这些数字、字母,而他们在这样的游戏中以自己的方式无拘束地呈现这些也许是刚刚学会的数字、拼音字母等。

(三)自由符号是幼儿绘画的"反省结果"

加登纳将艺术创作分为制作、知觉、感受三大系统,幼儿在艺术思维过程中知觉、反省、制作是一个流动的、连续的整体过程,幼儿的制作中又有反省。

研究者在观察大量幼儿绘画活动过程中发现,自由符号一般是幼儿在绘画活动的后期完成的,是幼儿在完成了其他绘画表达后的补充,充满了审美意蕴。

图 4-4

图 4-4 中,左侧的文字(尽管不够完整、精确),使画面呈现出对称、平衡的特征。"对称可以产生一种极为轻松的心理反应。"② 右边的人物比左边的人物高且大,加上幼儿在右上角画了"太阳公公",因而画面右边比左边"重",而幼儿在左侧添上了六个文字,使构图达到平衡。可见,自由符号有时是幼儿依据自己构思与表达过程中出现的问题进行调整的结果,是幼儿制作过程中的反省策略与结果。

孔起英认为幼儿自身存在着一种具有吸收性的张力结构,她称之为"先在

---

① 加登纳:《艺术与人的发展》,兰金仁译,北京:光明日报出版社,1988 年版,第 214 页。
② 滕守尧:《审美心理描述》,北京:中国社会出版社,1984 年版,第 119 页。

审美图式"。[①] 它类似于柏拉图的"理念"、叔本华的"意志"、海德格尔的"前结构"等。她认为幼儿的这种"先在审美图式"为幼儿的审美活动起着动力和选择作用。与成人相比,幼儿的先在审美图式更显示出其原始性和开放性,其动力功能也更为强烈。幼儿正是运用"先在审美图式",采取相应的反省策略,使自己的绘画作品达到某种对称或平衡。因此阿恩海姆认为"经由把自己和其创作联系起来,幼儿找到了一种不断构成平衡的手段"。[②]

幼儿叙事绘画中还常常伴有口头语言的渗透。这些语言在画面中不会体现出来,但却是画面不可或缺的内容。如:"我不知道我扔的石头会不会砸到小鱼。"这样的反思只能借助语言来完成。再如幼儿在绘画中用语言表达自己的疑惑:"我爸爸说他明明看见了拐弯的标记,为什么不能拐弯呢?"也许幼儿的绘画技法与成人艺术家相比是拙劣的,但叙事性比较强,画面上有成人看来不合理的组合。随着幼儿年龄的增长,幼儿借助文字、口头语言等增强画面的叙事性,这是幼儿在叙事过程中常用的表现手法。

加登纳对幼儿早期符号的研究给我们很多启示:"幼儿早期对符号的使用大多都以艺术媒介为中心。"[③]他总结出了幼儿使用符号的三大特点,其中一个特点是"巨大的多样性"。[④] 加登纳举出的莫莉的案例中,幼儿将字母、绘画、语言等交织在一起,多种符号相互渗透,共同构成绘画的主题。绘画与文字、口头语言都可以表意与叙事,它们相互区别又可以共存,体现为互渗性的特点。中国的文人画中就有文字直接出现在图像中,文字的渗入使图画的情节更加具体形象。绘画和文字除了体现出物质形式上的互相渗透,两者更存在着思维形式上的互文性,象形文字是最早的绘画叙事。对幼儿来说,文字和语言也能使人在脑海中描绘和建构出生动的画面。如"少年工"三个字可以指代少年

---

① 孔起英:《幼儿审美心理研究》,南京:江苏教育出版社,2004年版,第72页。
② 阿恩海姆等:《艺术的心理世界》,周宪译,北京:中国人民大学出版社,2003年版,第104页。
③ [美]霍华德·加登纳:《艺术·心理·创造力》,齐海东等译,北京:中国人民大学出版社,2008年版,第102页。
④ [美]霍华德·加登纳:《艺术·心理·创造力》,齐海东等译,北京:中国人民大学出版社,2008年版,第104页。

宫的画面形象,"1 出莲花"四个字则表明了画面中事件的地点。

图画与语言的相互区别又相互依赖的性质可以被称为语图互文性,亦称"文本间性"。法国后结构主义文艺批评家茱莉亚·克里斯蒂娃在 20 世纪 60 年代首次提出这一概念,"一篇文本中交叉出现的其他文本的表述。"①她认为,文学作品中封闭自足的文本是不存在的。互文性是指文本自身的语言是开放的,可以在与不同文本的碰撞、交流、渗透中产生审美意境。茱莉亚·克里斯蒂娃与德里达等为代表的理论家认为互文性是所有文本的普遍特征。幼儿的叙事绘画就体现出这样的互文性和开放性,文字、数字、口头语言等符号的渗透与补充使绘画获得了丰富的意义。图文互渗也使叙事空间更大、更自由,叙事更富张力,画面也因此负载着无限的叙事意味和能量。

二、夸张与变形

幼儿在叙事绘画中,根据叙述的需要,经常随意组合画面,对事物造型采用夸张变形的方式,从而产生独特的美感。幼儿绘画常常采用变形、拟人、透明画等创作手法使其产生"陌生化"的效果,散发着浪漫的迷人的光芒。

幼儿对于夸张手法是情有独钟的。对幼儿来说,由于夸张和拟人风格突出了事物的一些特征,使一些本来不易被觉察和理解的事物特征变得易于觉察和理解。张奇通过对幼儿审美偏爱的实验研究认为,"80％幼儿被试喜欢夸张和拟人风格的美术作品。""夸张和拟人的表现风格显然是突出和夸大了美术作品中所表现事物的亲融性特征,所以才格外地受到幼儿的偏爱。""夸张和拟人的艺术风格不仅能使一些事物表现得更可爱,也能使事物表现得更可恶。"②对于夸张,阿恩海姆则认为"线条和圆形的长短大小也会影响到使我们

---

① [法]蒂费纳·萨莫瓦约:《互文性研究》,邵炜译,天津:天津人民出版社,2003 年版,第 93 页。
② 张奇:《幼儿审美心理发展与教育》,北京:北京师范大学出版社,2001 年版。

愉悦的范围。一般来说,前面提到的较长的直线和弧线,常常比较短的线条更惹人喜爱;就圆形来说,大的也比小的招人喜爱。"①这种线条较长的直线和弧线或更大的圆就常常出现在夸张的卡通画中。

图4-5中,男孩手中巨大的棒棒糖与人物造型形成强烈的反差,小作者非常喜欢自己的好朋友,运用夸张棒棒糖的造型将自己对好朋友的喜爱淋漓尽致地表达出来。如有幼儿在画面中为了凸显自己在攀爬过程中紧抓铁网的感觉,拉长自己右侧的手臂,使得整条手臂的长度超过了人体的高度,整幅画面洋溢着一股浓浓的趣味感。"通过变形可以减少简洁性,而增加'视觉场'的张力,所以,变形可以使图形简洁化和松弛感的视觉趋势大大增强。"②夸张与变形的方式使得画面产生了视觉上的张力,也使得幼儿的叙事绘画更具个性和特点。

图 4-5

图4-5:"有一次,我和乖宝一起去吃肯德基。我们手拉手,我带了一个棒棒糖给乖宝,因为我很喜欢她。"

夸张法是幼儿绘画的特征之一。幼儿的叙事绘画中出现了以夸张为主要

---

① 阿恩海姆等:《艺术的心理世界》,周宪译,北京:中国人民大学出版社,2003年版,第169页。
② [美]鲁道夫·阿恩海姆:《艺术与视知觉》,孟沛欣译,长沙:湖南美术出版社,2008年版,第206页。

特征的卡通画,即幼儿漫画。但漫画作品中的夸张与幼儿平时绘画中的夸张是有区别的,这也是漫画的本质特征所决定的。漫画家冷牧说,"漫画是调侃的艺术。漫画家通过夸张的形象,巧妙地从新的角度看问题,或机智,或荒谬,或严肃,或笨拙,或浪漫,五味俱全,诙谐幽默,给读者带来无限的遐想和快意。"①"漫画正是通过幽默来表达思想和情感的,它既是绘画的一种样式,又是文学长河的一条支流。"②

幼儿漫画中的夸张比一般的幼儿绘画赋予了更为丰富的内容。如图4-6,幼儿在画面中画出了夸张的楼梯和人物表情,还借鉴了"猪八戒吃西瓜"的幽默情节。也就是说,与一般幼儿绘画相比,幼儿漫画中突出了绘画中的幽默的内涵,是幼儿式的幽默:简单、直接、新奇、多情绪化,不必经过艰深的理解和逻辑推理。弗洛伊德认为,"就像玩笑和喜剧一样,幽默具有某种释放性的东西;但是,它也有庄严和高尚的东西,这是另外两条从智力活动中获得快乐的途径所缺少的。"他又认为"幽默不是屈从的,它是反叛的。它不仅表示了自我的胜利,而且表示了快乐原则的胜利。"③这样的幼儿式的幽默带给幼儿的是快乐体验。

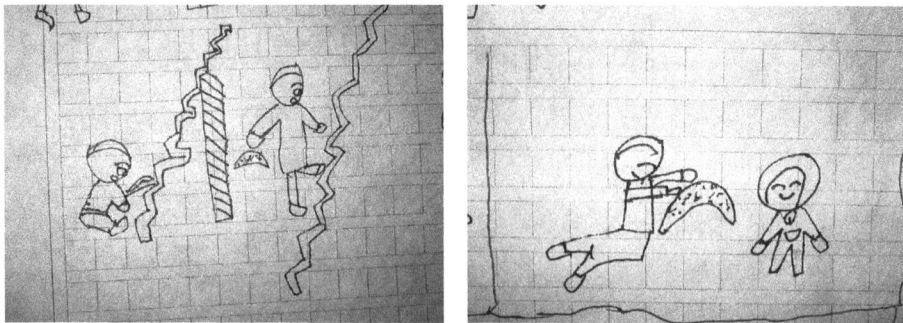

图 4-6

---

① 冷牧:《2002 世界漫画名作》,西安:陕西师范大学出版社,2003 年版,第 1 页。
② 冷牧:《2002 世界漫画名作》,西安:陕西师范大学出版社,2003 年版,第 12 页。
③ 弗洛伊德:《弗洛伊德论美文选》,北京:知识出版社,1987 年版,第 143—146 页。

图4-6：小作者小婧画的连环漫画。"有一天，高个子男孩明明将香蕉皮从楼梯上扔下，小个子勇勇就把香蕉皮放在明明路过的地方，于是明明就摔了一跤。"小婧说完自己的漫画哈哈大笑。

幼儿能恰当地表现幽默，首先与幼儿的经验水平有关。张奇就认为"幼儿中、晚期能够接纳喜剧形态的艺术品，并有了嘲笑、理智的笑、同情的笑(反讽)和戏谑的笑(诙谐感)。"[1]其次，与幼儿的思维特征有关。英国著名幼儿文学家、理论家托尔金提出"第二世界"——幻想。幻想的魅力是能把人们带到现实看不见的另一个世界去。漫画为幼儿创造了一个极好的"第二世界"，在漫画中，幼儿的一切梦想都不难实现，任何在现实生活中不可能的事，在漫画世界中能当作事实来体验。在这个世界中，一切变化都是可能的，这是一个充满各种可能性的世界，也是一个可以按照每个幼儿的想象与要求而改变的世界。幼儿尚处在主客观互渗期，"在幼儿时代，一切事物都是互渗的——自我与外界、梦与清醒、现实与幻想、昨日与今日、概念与迹象、思想与感觉。"[2]漫画中他们理解与感受到的世界就是一个现实与幻想融汇在一起的世界，所以漫画等将现实与幻想融合，受到幼儿的欢迎。同时，由于漫画的画面具有相对的概括性，常常具体地表现重要部分，而对次要部分则简单化处理，幼儿在观看漫画时，不会因为背景部分的繁多而分散注意，再加上图画这种形式可以将人内心所想的任何东西都形象、直观地画出来，所以它自然成了表现幼儿第二世界的美好形式。

图4-7是幼儿创作的叙事性的连环漫画《大变活人》，小作者通过逐步增加人物形象，表现了一个传统的杂技内容，流畅的线条、生动的情节、夸张的人物表情使人看了忍俊不禁。幼儿就是这样用自己独特的视角反映幽默的故事。幼儿对线条熟练、流畅的掌握为幼儿表现卡通画中物体的整体形象提供了可能性，因为卡通画大多是用简洁的线条表现事物本质特征的。

[1]　张奇：《幼儿审美心理发展与教育》，北京：北京师范大学出版社，2001年版，第239—240页。
[2]　玛克思·德索：《美学与艺术理论》，北京：中国社会科学出版社，1987年版，第224页。

图 4-7 《大变活人》

里德通过研究认为幼儿画的风格有十二类（后来他又合并为八类），其中他把幼儿从生活中取材，以幻想使之夸张，涉及记忆象或遗觉象创新的重造或再结合的绘画称为"浪漫派的"，把幼儿采取纯幻想的画题、运用想象表现画题并传达给他人的称为"文字的"。[①] 用里德关于幼儿画风格分类的理论看幼儿的卡通画，学前末期幼儿的卡通画等带有浪漫、文学的色彩。随着信息技术及文学传媒的发展，幼儿生活在"cartoon"的世界。漫画型动画片、漫画图书、卡通广告等与幼儿的生活密切相关，漫画已经成为幼儿生活中一个重要娱乐。大量的视觉经验为幼儿积累了视觉表象。目前部分幼儿园已经把卡通画作为美术欣赏的内容之一，并尝试了幼儿卡通画的创作活动。研究关注幼儿叙事画中的卡通画能丰富我们对幼儿绘画的认识，尊重幼儿绘画中各种类型的叙

---

① 里德：《通过艺术的教育》，吕廷和译，长沙：湖南美术出版社，1993 年版，第 141—142 页。

事风格,从而依照幼儿的独特风格给予鼓励或指导,为幼儿绘画活动的内容提供新的思路。

三、不完全的重复

图4-8是幼儿小凯在幼儿园的绘画活动区和家庭中多次画的"通天河"的图画。作者用曲线勾勒山的造型,然后用两条长长的线条画出"通天河"。

图4-8

在研究者观察小凯的绘画区绘画活动过程中,他多次请求研究者帮他写"通天河"三个字。在第一次为他写时,研究者甚至误会地写了"春天河"三个字。

像这样的重复主题现象在幼儿叙事绘画活动中普遍存在。罗恩菲德称之为"定型的重复"。[①] 小凯重复画"通天河",尽管画面中其他部分稍作改变,如山的高度,亭子的位置、色彩等,但整个画面的造型、构图基本不变,尤其是"通天河"的主题一直不变。图4-9和图4-10是小作者在美工区的两次绘画作品。画面的上方是"舞台的灯光",下方左侧是"能发出声音的音箱",小女孩手拿话筒在唱歌。两幅作品在构图、内容等方面非常接近,只是图4-9的右下方画了圣诞树,而图4-10的相同位置以另一小姑娘代替了。许多成人向研究者讲述了童年时期反复画相同图画的经历。我国学前教育专家许卓娅教授

---

①　罗恩菲德:《创造与心智的成长》,王德育译,长沙:湖南美术出版社,1993年版,第41页。

在访谈中充满深情地说:"我记得我小时候喜欢画画,而且经常反反复复画同样的一张画。"

图 4－9

图 4－10

另一种绘画中的重复,我们称之为"单元的重复"。如幼儿小诗的自发绘画中(见图 4－11、图 4－12、图 4－13),某些单元不变,只是将某些单元进行重新组合,所画的主题也随之发生变化。如人物的身体不变,头部稍作改变就成了动物或其他。核心部分(如身体)未变,附属部分(如头发、帽子)变化了。这种单元的重复充分体现幼儿"概念画"的特点,即造型呈现出模式化的特征,喜欢用固定的样式和画法表现不同的对象。

图 4－11

图 4－12

这些图画来自小诗的妈妈向研究者提供的一本信笺纸画集。这本画集是小诗每天在妈妈办公室等妈妈下班时画的。小诗的妈妈描述："小诗每天沉迷于绘画，只要有空小诗总是画画，有时甚至用妈妈的圆珠笔或钢笔画。""她有时几天都是画同样的图画，但她总是画得很投入。"

幼儿为什么会在绘画中进行重复，重复带给幼儿的是什么呢？我们先从重复的内涵来考察。《辞海》①将"重复"解释为："相同的情况或事情再次出现。"《新世纪现代汉语词典》②将之解释为：

图 4 - 13

"① 将已经说过的话或做过的事再说或再做。'重复别人的话。'② 无实质性变化或改进，但以另一方式再现。'重复出现。'"滕守尧这样诠释："所谓重复，就是换一个位置再来一个，换言之，最初的母体仅仅做了空间位置的变化，其他则保持不变。在重复的造型中，识别母体是不困难的，因为它与母体间几乎相同。"③

（一）重复带给幼儿安全感

罗恩菲德认为"重复对幼儿是很重要的，因为它能带给他信心，使他能画出他所想画的"④，"当重复的欲望是幼儿最关心的对象时，不能重复将令幼儿产生很大的失望"。⑤ 罗恩菲德面对一个重复的案例时，认为"一再重复地表现同一事物，清楚地显示了这个小孩不能就新的情境加以调整，对他来说，定型的重复构成了逃避，当他不能面对新的情境时，他便一再地重复。"⑥加登纳在

---

① 夏征农：《辞海》，上海：上海辞书出版社，1989 年版。
② 王同亿：《新世纪现代汉语词典》，北京：京华出版社，2001 年版。
③ 滕守尧：《审美心理描述》，北京：中国社会出版社，1984 年版，第 116 页。
④ 罗恩菲德：《创造与心智的成长》，王德育译，长沙：湖南美术出版社，1993 年版，第 29 页。
⑤ 罗恩菲德：《创造与心智的成长》，王德育译，长沙：湖南美术出版社，1993 年版，第 30 页。
⑥ 罗恩菲德：《创造与心智的成长》，王德育译，长沙：湖南美术出版社，1993 年版，第 6 页。

论述幼儿艺术活动的感受时说:"也许幼儿较简单的情感生活和气质式样使他能把艺术知觉为有机的整体,使他能以情感的方式与之作充分的缠结,而且还使他能制作出常常具有统一性和连贯性的作品来。"幼儿的重复作品具有加登纳所谈及的幼儿的统一性和连贯性的作品的特征,在这样的统一和连贯中幼儿获得某种心理上的安全。

著名教育家蒙台梭利研究了幼儿的"重复练习",她认为幼儿如能满足内心需要的任务,他们就能聚精会神地独自反复地进行练习,而这种重复练习的现象在幼儿的所有活动中经常不断地发生。她指出:"每当幼儿经历这种体验之后,他们就像经过休整的人,充满着活力,仿佛感受到某种极大的欣喜。"①"他们一次又一次地重复练习,并没有任何外在的原因。"②在她看来,重复练习对幼儿来说是极有帮助的,能发现自己的潜力,并在他们的生命力不断展现的神秘世界中练习自己,进一步完善自我。

由于幼儿的记忆力和审美积淀有限,还不习惯于一下子接受大量的信息,幼儿采用单元重复的方式,是为了使自己在熟悉的重复中一步步把握新的样式,从中获得一种重新辨认的喜悦。如某些幼儿总是愿意听同样的故事,喜欢别人用同样的话语叙述同一个故事,倘若变换词句,他就反对。滕守尧先生生动地描述了艺术活动中面对重复还是改变时的复杂心理活动,"既想保留它,又不想保留它。想保留它,是因为它看上去舒服、自在、合理;想改变它,是因为它单调、一律、规则、无多大刺激性。但发展到最后,总是想改变它的趋势占上风。"③改变"会唤起一种紧张或造成一种强刺激"。④

(二)重复是实现"从旧的对应之物到新的对应之物"的必由之路

美国幼儿绘画专家杰奎琳·古德诺关注幼儿的"重复的图画"⑤,她称这种

① 蒙台梭利:《童年的秘密》,马荣根译,北京:人民教育出版社,1990年版,第121页。
② 蒙台梭利:《童年的秘密》,马荣根译,北京:人民教育出版社,1990年版,第122页。
③ 滕守尧:《审美心理描述》,北京:中国社会出版社,1984年版,第116页。
④ 滕守尧:《审美心理描述》,北京:中国社会出版社,1984年版,第116页。
⑤ 杰奎琳·古德诺:《涂鸦》,刘明译,沈阳:辽海出版社,2000年版,第117页。

重复的图画为"公式化的画法"，"这种公式化的画法常常会在许多细微的方面发生一些变化"①，从而实现"从旧的对应之物到新的对应之物"②。杰奎琳·古德诺所说的旧的对应之物是幼儿已掌握的某个图画样式。她认为，幼儿只有在熟练掌握了某个图画样式的基础上才能再做新的尝试，而重复是熟练掌握某个样式的有效途径。

皮亚杰认为幼儿会在其既有的认知结构基础上去吸收新经验、新知识，这个过程就是同化，反过来，幼儿又不断调整自己的认知结构，与外界信息相适应，这是顺应。图4-11中，穿裙子的人物造型是其既有的图式，与之相连接的是可爱的娃娃的头部，而当小诗画出了小兔的头部时（见图4-12），小诗的认知处于不平衡的状态，小诗就用已有的穿裙子的身体这一图式作为小兔的身体。也就是说，幼儿能借助重复使认知达到某种平衡。我们会常常发现当幼儿认为某个图形如方形可以代表身体时，他们会用方形重复代表人或动物的身体，这就是幼儿会在作品中不断重复某个单元。

重复有利于幼儿吸收更多的艺术经验、感受和语言，重复有利于锻炼拼接的技能。在幼儿的艺术创造中，拼接是一种基本的方式，他们常常把许多一般成人认为风马牛不相及的事物拼接、组合在一起，这在幼儿艺术的各个领域都有所表现。③ 加登纳也认为"幼儿在一旦理解了对象的持久性之后，他便获得符号运用的必要与足够的条件了，因为此时符号的基本功能是意指某个特殊的对象。或者说得更合适一些，它是去意指某一类对象。"④所以杰奎琳·古德诺认为幼儿以简约的原则运用单元，而"某一单元的不断重复有助于产生一种颇具吸引力的统一的感觉。""它还提醒我们，幼儿所发展的不仅是一种类型的线条，还有一种观念：发现相似之处，认识到许多分离的部分可以用同一种符

① 杰奎琳·古德诺：《涂鸦》，刘明译，沈阳：辽海出版社，2000年版，第113页。
② 杰奎琳·古德诺：《涂鸦》，刘明译，沈阳：辽海出版社，2000年版，第113页。
③ 参见边霞：《幼儿的艺术与艺术教育》，南京师范大学博士学位论文，2000年版，第77—79页。
④ 加登纳：《艺术与人的发展》，兰金仁译，北京：光明日报出版社，1988年版，第141页。

号来表达。"①杰奎琳·古德诺实际是在提醒我们关注幼儿的重复。

当然，幼儿的这种不完全重复是幼儿在某一阶段的程式化的语言和固定的样式，幼儿自发作品中的重复在成人画家身上亦有所体现。当代新生代画家方力钧在同一画面上重复"光头人"。"对这个符号形式的玩味，贯穿着画家的全部作品，共时与历时地构成他绘画上近乎唯一的形式母题。"②"光头人"在方力钧的画上成为一个不断重复的片段，构成画家绘画艺术的形式品质和动人效果。我国学者边霞曾将幼儿与成人艺术家在内在精神、创作状态、创作结果等方面进行了比较，幼儿绘画作品中的重复反映了幼儿与成人艺术家在创作手法上的相似性。

幼儿绘画的总趋势是不断变化的，这种变化是他们大脑和身体机能发育所带来的必然结果，也是幼儿生活范围不断扩大、经验不断丰富、眼界不断开阔、感受不断增多、体验不断加深后的升华。重复和静止不是幼儿喜欢的事情，变化和富有新意才是幼儿的天性使然。

四、"有意味的顷间"

幼儿的叙事绘画是空间性的存在，也是时间性的展示。叙事绘画中的事件是动态的，幼儿常常选取事件过程中某个定格化了的顷间。德国理论家莱辛认为，艺术家完全可以通过表现一个瞬间来表现出整个事件，他将这一瞬间称为"最富有孕育性的顷刻"。这个顷间能够在一定程度上蕴涵过去、当下和未来。"决定性瞬间"就艺术表现方面来说是最具张力的，"最能产生效果的只能是可以让想象自由活动的那一顷刻。"③幼儿的叙事绘画中常常选取事件中最为高潮的时刻来进行叙事。图2-9中，幼儿选取了大家喝水之前的抢水瞬间，

---

① 杰奎琳·古德诺:《涂鸦》,刘明译,沈阳:辽海出版社,2000年版,第129页。
② 吕品田:《漫游的存在—新生代艺术》,沈阳:吉林美术出版社,1999年版,第197页。
③ [德]莱辛:《拉奥孔》,朱光潜译,北京:人民文学出版社,1982年版,第18页。

画面的中间是老师,老师的前面是长方形的水池。图 4 - 14 中,"我在秋游那天玩沙子了,还和我的好朋友寻宝了,你看,我们在用手指指着宝藏路线呢!"画面中的两个人物造型表现出寻宝事件过程中的一个瞬间,对于幼儿来说也就是情绪体验最丰富的那个瞬间,人物的动作与场面令人印象深刻。

图 4 - 14

图 4 - 15

幼儿的叙事绘画中也有许多生活中的一个个普通的时间截面。图 4 - 15 中,"这是我和奶奶在浇花。我奶奶经常给花浇水。我家里有好几个浇花的水壶,都不一样。有的是绿色的,有的是高高的。其实我们浇的是我家里的两棵枇杷树,不是向日葵。我喜欢向日葵,我就画成了向日葵。"幼儿描绘了自己和奶奶浇花的场景,动态化的人物造型,画面温馨,同样具有视觉效果。幼儿在叙事绘画中的顷间常常是充满"意味"的,这些"有意味的顷间"不是一种静止的状态,而是一个运动变化的、充满张力的顷间。幼儿的秋游、超市购物、节日等,表现的也是一般性的顷间。对幼儿来说,生活中的事件总是在一定的语境中发生的,进入记忆中的事件尤其如此,因为被记忆的事件必须对记忆者具有某种意义,才能进入记忆的轨道,也就是说,进入幼儿记忆中的事件已经经过"意义"的过滤和编排。不管是高潮瞬间还是一般性顷间,都是幼儿印象深刻的事件。

"有意味的顷间"体现在幼儿叙事绘画的画面上是某一事件的片段,使幼儿的叙事绘画常常呈现出"断片美学"的美学效果。幼儿的认知水平、思维特点决定了幼儿的叙事中出现碎片化、片断化的场景和顷间。图 2-2 中,幼儿选取了壮观的舞蹈场景,所有的幼儿都在翩翩起舞,画面极具动感和美感。图 3-15 中,幼儿表现的是冒险瞬间,空中攀爬场景使画面充满了趣味和紧张感。从表面来看,幼儿叙事绘画的时间连续性和空间整体性常常因幼儿的叙事视角而遭到切断,整体连贯性的事件被片断化生活场景所取代。这样的"有意味的顷间"的独特价值正如欧文·斯蒂芬所说:"片断最有效的特性之一是它的价值集聚性,因为片断所涉及的东西超出于它自身之外。"①这也正是幼儿叙事绘画令人无法抗拒的艺术魅力,具有感染人心却又难以言传的审美特征。

五、并置手法

幼儿在叙事绘画中还常常运用并置的表现手法,他们往往会把不同时间或不同场合的事件与场景呈现在同一幅画面中。与"有意味的顷间"相比,画面不仅仅是一个场景的呈现,而是多个场景的组合。

并置手法运用中最常见的是同一个事件的多个场景的呈现。图 4-16 中,幼儿描述了自己陪伴妈妈去医院的事件。画面的上方描绘的是妈妈接受 B 超检查的场景,画面中央躺着的是作者待产的妈妈,两边是妈妈同一病房的其他人,下方是小作者拿着妈妈的包和家人共同陪伴妈妈。图 4-17 中,小作者叙述的是自己去普陀山游玩的事件,画面中包括爬山、游泳等多个"子事件",将多个场景置于同一幅画面中。一件事件往往蕴涵了多个子事件,将一系列"子叙事"统一于同一个画面,采用并置的手法,将叙述中的事物全部陈列于画面中,扩充了幼儿叙述的容量。

幼儿还常常将多个不同的事件置于同一幅画面中。图 4-18 中,幼儿叙述了四件不同的事件,描述了每件事件中自己丰富的心情变化。一系列的事

---

① [美]斯蒂芬·欧文:《追忆——中国古典文学中的往事再现》,上海:上海古籍出版社,1990 年版,第 89 页。

件、不同的场景以及幼儿蕴涵其中的情绪体验使绘画内容更加丰富,表面上是超越空间的事件,但都是反映幼儿多彩的日常生活和丰富的内心世界。由于这样的并置改变了事物的原始语境或自然状态,带有某种"综合"的特征,龙迪勇称之为"综合性叙述"。① 美国学者诺埃尔·卡罗尔用"叙事性联系"来概括以上涉及多个事件的叙事现象:"叙事性联系再现了一系列的事件或情况。"② 对于处于前语言时期的幼儿来说,一旦图像被视为"符号",其图像的形象性、现场感乃至捕捉生活的能力,均非语词所能比拟。

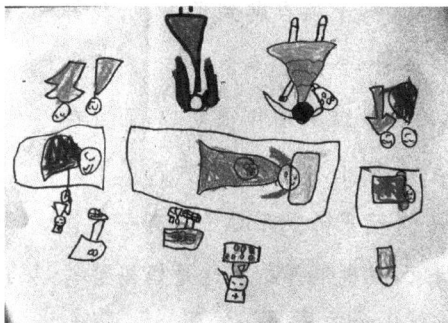

图 4 - 16

图 4 - 17

图 4 - 18

图 4 - 19

图 4 - 16:"我的妈妈去医院生我的小弟弟。她先去了一个地方

① 龙迪勇:《图像叙事:空间的时间化》,《江西社会科学》,2007 年第 9 期。
② [美]诺埃尔·卡罗尔:《超越美学》,李媛媛译,北京:商务印书馆,2006 年版,第 189 页。

检查,那个电视机一样的东西可以看见我的小弟弟。后来我妈妈躺在医院的床上,旁边也有人来生小宝宝。我一直帮妈妈拿着包。"

图4-17:"我去普陀山玩。我去山旁边的水里游泳。爬山的时候有楼梯,有的人爬楼梯的时候摔跤了。楼梯那儿有个箭头。箭头告诉大家可以去哪里玩。"

图4-18:"我第一次去爬山了,在爬山的过程中,看到了蝴蝶、摩天轮,很开心,可是后来越爬越累,我没有力气了,爸爸妈妈也不给抱,我很不开心。第二次去爬山,我最后终于独自爬到了山顶,我好开心,站在山顶上,看见地上的人好小好小,哈哈。"

图4-19:"周六晚上要去演出,因为表演的动作很复杂,而且在路上出了车祸(其实应该是堵车或者车坏了),晚到了,所以很不开心。过了几天,我跟爸爸爬了军山,心情就变得很开心了。有一天爸爸给我在网上买玩具,三天后才寄到家,我也很开心。这是妈妈给爸爸买的衣服和鞋子,我觉得爸爸穿了很帅气。"

并置的手法使幼儿的叙事绘画产生了像诗歌一样跳跃的叙述方式。相关或不相关的事物通过反常规的方式交接、并置在一起,共同构成画面的主题。这样的叙述方式不仅使人眼前一亮,也使幼儿的叙事绘画作品产生独特的艺术魅力。

六、叙述干预

叙述干预是指"叙述者对他或她所讲述的故事以及文本本身进行干预……一般通过叙述者对人物、事件甚至文本本身进行评论的方式进行。"[①]幼

---

① 谭君强:《叙事学导论——从经典叙事学到后经典叙事学》,北京:高等教育出版社,2013年版,第72页。

儿在叙事绘画过程中,常常对自己叙述的人物、事件等发表看法或评价,对自己的作品自由评点。

幼儿在叙事绘画中的干预常常表现为直接评论。如图 2-13 中,幼儿描绘了长江中的冒烟的船之后,对环境保护问题做出自己的评价:"我听说江豚一共只有 200 条了,不多了,我们应该保护它们。"再如图 4-20 中,小作者叙述了两个小朋友放鞭炮的事件,然后就做出自己的评价:"放鞭炮不安全的,不应该这样做。"除了对他人的事件做出评价,幼儿也常常对自己的事件做出点评,如图 3-19 中,当幼儿叙述了自己的洗脚事件后说:"自己的事情就是应该自己做的。"再如图 2-9 中,幼儿叙述了春游中的抢水事件后,对一天的春游生活做出了总结和评价:"这真是开心的一天,也是嘴巴最干的一天。"幼儿在叙事绘画中的直接评论有时是一句话,甚至一个词,常常出现在叙述的结尾总分。

幼儿的叙述干预还表现为解释,解释自己的某些创作意图或对画面中的某个人物、事件进行说明等。如图 1-1 中,幼儿对画面中人物弯弯的眉毛进行了解释:"因为我不高兴";图 2-4 中,幼儿对画面中的小狗拴在柱子上做出说明:"要不然它会乱跑,我就找不到它了";图 3-7

图 4-20

中,幼儿对自己的长腿造型解释:"因为苹果树很高";图4-15中,幼儿对自己虚构的向日葵做出说明:"因为我喜欢向日葵。"研究者观察了幼儿创作图 4-21 的全过程,小作者运用小黑点表示沙滩,在不停地点画过程中,幼儿一边看看研究者一边说:"这是沙子哦,不是下雨啊。"小作者描绘的是自己和爸爸妈妈去沙滩玩耍的场景,在创作过程中他担心他人对自己的沙滩产生误解,所以对自己的符号做出解释和说明。

幼儿的叙事绘画中,叙述者是幼儿,叙述声音自然出自幼儿。幼儿在叙事绘画中的评论或解释反映了幼儿的真实声音,幼儿通过叙述干预表明自己的

图 4－21

观点、态度、立场等。幼儿的叙述干预在幼儿叙事绘画中起着交流与说服的功能,幼儿的解释、说明或评价一般是面向同伴、老师等,体现出作者与读者的主动交流。这种交流的主要目的在于使受述者倾听其叙述,并说服读者接受自己对于时间、人物、环境等的描述,以自己的解释或说明来说服他人甚至打动他人。幼儿的叙述干预一般不影响幼儿继续叙述事件,幼儿的评论、解释等融合在整个叙事之中。

七、第一人称为主的叙事视角——幼儿的视角

叙事视角是一部作品或一个文本看世界的眼光和角度。法国叙事学家热奈特在《叙述话语》一文中,明确提出了"谁看"和"谁说"的问题。"谁看"即叙述眼光,既可以是叙述视角的眼光,也可以是叙述者的眼光。他用"聚焦"一词来表示叙述眼光,提出了零聚焦、内聚焦、外聚焦。零聚焦是指全知全能视角叙述,"上帝"般的全知全能的叙述者可以从任何角度、任何时空来叙事,对人物的过去、现在和未来了如指掌;内聚焦是叙述者仅叙述某个人物知道的情况,无法叙述人物自己尚不清楚的事件;外聚焦则是指叙述者从外部来对人物和事件聚焦,叙述者所叙述的比人物所知的少。杨义在《中国叙事学》中则把视角比作"语言的透视镜",认为叙事视角"是作者和文本的心灵结合点,是作

者把他体验到的世界转化为语言叙事世界的基本角度。同时它也是读者进入这个语言叙事世界,打开作者心灵窗户的钥匙。"①

幼儿在叙事绘画中大多采用第一人称叙事视角,聚焦者和叙述者都是幼儿。幼儿讲述自己聚焦范围内发生的事情,叙述自己的愿望、困惑等,以自己的方式讲述自己的故事,呈现自己的精神世界。采用第一人称的叙事视角,画面中一般都有个"我"的形象。这个人物形象是幼儿本人,我们从画面上一般都能看到男主人公或女主人公。皮亚杰认为幼儿与原始人一样具有"自身中心化"的特征,呈现出"我向性"②的心理特征,即幼儿认识事物常常以"我"为事物的基准和出发点。幼儿叙事绘画以第一人称为主的叙事视角反映了幼儿的"我向性"思维特征。

幼儿在叙事绘画中的第一人称视角是真实的幼儿视角。以幼儿的眼光、态度、思维方式和价值取向,表达与幼儿感知、想象发生联系的幼儿生活景观。幼儿常常无法了解掌握事件背后隐藏的深层内涵,缺乏运用概念进行抽象的概括、判断和推理的能力。于是幼儿将生活中最显在的表象详细地展现出来,呈现在幼儿视角里的是一个个具体的可能被成人所忽视的细节,这些细节有些很小很琐碎,这些细节常常被成人忽视,但却会给孩子们留下深刻的印象。如图 3-12 中,老师的高跟鞋给幼儿留下了深刻的印象,幼儿夸大了鞋子的造型,仔细刻画了防滑点。老师穿高跟鞋不摔倒是因为地上有防滑点,这是幼儿对于事物因果关系的简单理解和把握,体现出一种细节性的审视生活的方式。幼儿的思维是直觉的、感性的,他们眼里看到的只是一个个深富趣味的细节和片段。因此幼儿叙事中的情节是淡化的和零散化的,一般使用以陈述句为主的简单句式叙述,呈现出自然化的本真叙事。成人可以通过幼儿的视角了解幼儿的内心世界。第一人称叙述来自幼儿真诚的童心。童心是由幼儿年龄特征决定的一种特定的心灵状态,这种状态是纯净、晶莹、稚拙的,是幼儿生命所

---

①　杨义:《中国叙事学》,北京:人民出版社,1997 年版,第 191 页。
②　维果茨基:《维果茨基教育论著选》,余震球译,北京:人民教育出版社,2004 年版,第 62 页。

固有的艺术特质与可贵品质。幼儿对世界的看法是新鲜而又稚嫩的,还无法完全地融入复杂并充满各种利害关系的成人世界中。幼儿叙事绘画以一幅幅简单而又具体的图画呈现出来。幼儿叙事绘画中细节的呈现,体现了幼儿的本真状态和自然天性,体现了幼儿生命的无拘无束和自由自在。

幼儿在叙事绘画中的日常生活叙事大多以第一人称的叙事视角展开叙事,讲述"我"的故事,具有直接、生动、真实的特点。而幼儿的虚构性叙事则常常采用全知全能的叙事视角,或称他者视角。叙事人称多以第三人称出现,叙述者置身于故事之外,用全知的视角关注着故事中的一切。图3-31中幼儿叙述了关于王子公主的故事。"有个王子和公主结婚了,王子拉着公主的手,来到天上举行婚礼。公主好幸福!"图4-22中,幼儿描述的是万圣节的"鬼"故事。"万圣节的时候,有个魔鬼来到小小班的教室,它想抓个小朋友。它拼命地敲门,它已经在想象小朋友被吃到它的肚子里了。那个小小班的小孩吓得躲在桌子下面。"幼儿通过自己的全知视角,可以对故事里的人物进行任意的编造和安排。全知全能的视角中幼儿通晓事情的来龙去脉,能够随意进出事件和人物的内心,充分利用想象、夸张等手法,充分体现了幼儿叙事的诗性特征。

图4-22

第五章

当前幼儿绘画活动中的
"叙事缺失"现象

幼儿通过叙事绘画表达丰富的外在生活和精神世界,幼儿在叙事绘画活动中能够获得情感、认知、语言等多方面的发展。那么,幼儿叙事绘画在绘画教育实践中是什么样的境遇呢? 本章将研究目光投向幼儿绘画活动实践,对幼儿绘画教育活动中的"叙事缺失"的表现和原因进行考察与分析。

一、当前幼儿绘画活动"叙事缺失"的具体表现

(一) 绘画内容:重"物"轻"事"

幼儿在幼儿园到底画些什么? 研究者从现场观察、访谈幼儿园教师和分析幼儿园美术教学计划的文本等三个方面进行了较全面的调查与思考。

调查对象是南通市三所公办幼儿园 145 名大班幼儿,这三所幼儿园均为江苏省优质幼儿园。目的是了解幼儿叙事绘画的现状。调查过程中要求幼儿自由地画一幅画,对绘画内容没有任何要求和规定,时间 35—40 分钟,以幼儿画结束为准。为幼儿提供的是常用的记号笔和油画棒。我们将调查中收集到的幼儿作品分为两类:一类是叙事绘画,指幼儿在绘画中陈述一件事情或讲述

一个故事(见图 5-1、图 5-2);另一类是无叙事绘画,画面中仅是一些事物(包括动物与人物)形象或对事物的装饰,一般为物体画或装饰画(见图 5-3、图5-4、图 5-5)。教师在本次绘画过程中不指导。对幼儿的每一幅作品都进行访谈与记录。访谈过程中的主要提问为:"请你说说你画了些什么?"为了防止幼儿误解访谈中的指导语——"画了些什么",研究者在提问过程中,针对幼儿的回答做出相应的追问。如果幼儿叙述绘画内容时是关于事件的叙述,则判断该作品为叙事绘画,那么研究者就不再追问,而是记录幼儿的叙述。如果幼儿回答自己画的是某个物体,研究者就追问:"有没发生什么事情?"如果幼儿回答说"没有",则不再追问;如果幼儿接着叙述事件,则判断为叙事绘画,并记录。

图 5-1   图 5-2

图 5-1:"爸爸妈妈带我去上海玩,有一天,我站在高楼上向下看,看见地上的人只有蚂蚁那么大。"

图 5-2:"妈妈、阿姨、我、妹妹、哥哥去公园烧烤。我们带了一个很大的塑料纸铺在地上。哥哥在草地上放风筝,我们烤了好多好吃的东西。好开心的!"

图 5-3　《花》

图 5-4　《坦克》

图 5-5　"老师最近教我们画的龙"

　　叙事绘画中蕴涵了幼儿丰富的精神内涵,但是这类绘画在本次调查中比例是较低的。从表 5-1 可以看出,本次调查中幼儿叙事绘画作品仅占调查总量的16%。幼儿描绘事物形象而不涉及事件的"无叙事"绘画作品占本次调查的 84%。

表 5-1　两类绘画内容结果统计(N=145)

绘画类型	作品(幅)	所占比例
叙事绘画	24	16%
无叙事绘画	121	84%

　　以下列举的是幼儿对无叙事绘画作品的讲述,从这些讲述中可以看出,幼儿的作品中涉及的一些事物形象之间缺乏内在的联系,如花、草、太阳、房子,这些事物形象在幼儿的作品中是一种罗列式的呈现。"见物不见事"的无叙事绘画几乎丧失了幼儿绘画的表达、叙事的功能和特性。在研究者进一步追问

"有没有发生什么事情"时,大多数幼儿的回答是"没发生什么"。

> "这是花、太阳,还有小草。"
>
> "我画的是老师教我们画的龙。"
>
> "我画的是一个小孩。"
>
> "这是一棵树,这个是房子,还有小兔。"
>
> "这是太阳、苹果树。"
>
> "我画的是白雪公主,这是我在外面学画画的老师教我们画的。"
>
> "我画的是小鱼还有大鲨鱼。"
>
> "我画的是大兔子和小兔子……没发生什么事情。"
>
> "我画的是小孩,还有小草和兔子。"
>
> "我画的是雪花。"
>
> "我画的是圣诞老人。"
>
> "我画的是汽车,天上是云和太阳。"
>
> "我画的是三个小孩,他们没干什么。"
>
> "我画的是恐龙。"
>
> "我画的是亭子。"
>
> ……

研究者在实践中发现,一些幼儿教师面对幼儿这样的作品,常常要求幼儿:"请你编个故事讲出来。"在这种情况下,幼儿也能根据教师的要求编出诸如以下的故事:"花园里有很多花,一天,蝴蝶来到草地上玩……"本次调查没有采用这样的指导语和要求,研究者认为,这样的指导语往往使幼儿陷入"消极讲述"的状态,这样的叙事不是真正意义上的幼儿叙事。对幼儿的"消极讲述"将在后文中做进一步论述。

研究者对以上调查班级的几名老师进行了访谈。访谈主题是"幼儿园的绘画活动中幼儿画些什么"。

A老师：一般是画教材上的内容。因为我们幼儿园规定了要按课表上课。教材上规定了相应的主题。我们根据一开始定的主题来画一些相对应的内容。当然也有孩子的一些随机绘画。

B老师：什么内容都有啊，花草树木、动物、人物。我们主要是按教材来的，还有一个就是小朋友在生活中发现什么有趣的就拿过来给小朋友画，还有就是一些应节应时的东西。比如说秋天，我们就画一下关于秋天的动物植物呀。

C老师：一般还是按照计划、主题来进行的，然后有些比较有创意的老师，在学习了一些创造性的理念把一些新的材料、新的教法和技法，运用到平时教学中。

D老师：主要教幼儿画一些点，线条呀，然后再是图形呀。根据主题，比如说冬季呀，然后就来画。主题是根据教材，我有时候也不完全地照搬。

E老师：主要是画小动物的形象呀，但也不单纯是小动物的形象，比如我女儿她在外面的一些培训机构，它会设置一些场景。比如一些蓝蓝的天空呀、青青的小草呀，这些情景式的画面，还有比如水果呀，这些比较常见的东西呀。

F老师：画孩子熟悉的内容呀！孩子见过的、熟悉的，然后用孩子能够掌握的方式来进行教学。这些内容一般是教材上面的。教师的教法应该有趣。比如说，同样是画菊花吧，你怎么教，教的有趣，孩子有表现欲望，他就愿意画。

从以上访谈中可以发现，教师对幼儿绘画活动内容的选择更多地依赖于教学计划。以上被调查幼儿园实施的是主题活动课程，美术活动计划涵盖在主题活动计划之中。美术活动包括绘画、美术欣赏、手工等活动，本研究收集了以上调查某班级的绘画活动计划，具体内容安排如下：(1) 向日葵；(2) 大熊猫；(3) 秋天的树林；(4) 拖鞋；(5) 美丽的鱼；(6) 马路上的汽车；(7) 降落伞；

（8）我们来锻炼；（9）漂亮的围巾；（10）七彩花瓶。以上绘画活动内容除了"我们来锻炼"外，绘画内容大多指向物体，"我们来锻炼"这样的绘画内容可以让幼儿叙述自己的经历、感悟等，可以表达幼儿鲜活的生活体验。研究者并非完全否定"向日葵"等这类物体画的价值，幼儿在物体画中通过点、线、形的实际运用，也可以获得审美体验，可以提高艺术造型能力等。但是，物体画或装饰画的绘画内容由教师事先确定，幼儿很难享受自由创作的乐趣。当前幼儿园绘画活动教学计划中内容的选择偏重幼儿物体画和装饰画，其本质是忽视幼儿艺术的丰富性和情感性。对幼儿来说，体现为一种"无我"性，绘画内容的计划性限制了幼儿独特体验的表达，幼儿鲜活的生活世界无法自由地表现在绘画中。杜威曾提醒我们慎重对待学校中的计划："计划是由成年人强迫执行的，尽管在施行时运用老练机敏的手段，并且在表面上尊重个人的自由，但这种计划毕竟是外在的东西……计划必须具有相当的可变性，容许经验的个性能够自由地得到表现。"[1]

某些幼儿园的美术教学进度安排也反映了当前幼儿绘画教育重"物"轻"事"的倾向：[2]

1. 果蔬练习（苹果、梨子、桃子、萝卜、茄子、菠萝等）

2. 花草练习（向儿葵、牵牛花、水仙花等各种小型花草）

3. 昆虫练习（蝴蝶、蜻蜓、七星瓢虫等）

4. 各种树木植物练习

5. 各种小鸟飞禽练习

6. 各种小屋城堡练习

7. 天空云彩练习（太阳、雨雪、彩虹等）

8. 水底世界（各种鱼类、乌龟、海星、水草等）

---

① 吕达，刘立德：《杜威教育文集》（第1卷），北京：人民教育出版社，2008年版，第341页。
② http://www.baby611.com/jiaoan/jhzj/db/201211/1996251.html.

9. 小动物练习（小鸡、小猪、小猫、小狗、小兔等）

10. 各种人物练习

11. 自由创作练习

12. 作品展览

对幼儿来说，生活世界不只是"物"的世界，更应该是"事"的世界。上述绘画活动计划中"向日葵""拖鞋""围巾""花瓶"等是一个个静态的事物。维特根斯坦说："世界是一切发生的事情。""世界是事实的总体，而不是事物的总体。"①人在参与世界之事过程中获得的感受是独一无二的，世界的存在由此相对于每个人而成为唯一性的存在，表现为诸多唯一性的事件。阿恩海姆认为"事实证明，一切视觉对象都是极具动力性的特质的事件……当我们坚持用纯粹的物理性质来描述感觉现象中的那些普遍事实时，很容易将这一点忽略。"②"所谓事件，在大多数的情况下，指事物的活动（activity）过程，纯粹的、与其他事物不相关的运动是不常见的。"③阿恩海姆将事件与运动紧密联系起来。

杨景芝曾经介绍了两个画"人"的课例。教学对象都是4—5岁的幼儿。一位老师采用传统画面部五官的方法进行示范教学。结果全班21名幼儿没有一人能按老师的要求画出表现人脸的作业。而另一位老师以"妈妈抱我"为题材启发幼儿回忆、联想，结果全班22名幼儿都能创造性地表现自己的生活感受。④ 两个课例虽然都是画人，前一个课例侧重画"物"，后一个课例是画"事"。"妈妈抱我"是幼儿熟悉的事件，每个幼儿有自己独特的体验，因此，图5-6中幼儿所使用的造型符号以及空间构图、大小比例各有差异，所画的形象和环境都不雷同，克服了模式化的人物造型模式。

① ［奥］维特根斯坦：《逻辑哲学论》，北京：商务印书馆，1996年版，第25页。
② ［美］鲁道夫·阿恩海姆：《艺术与视知觉》，孟沛欣译，长沙：湖南美术出版社，2008年版，第350页。
③ ［美］鲁道夫·阿恩海姆：《艺术与视知觉》，孟沛欣译，长沙：湖南美术出版社，2008年版，第312页。
④ 杨景芝：《美术教育与人的发展》，上海：人民美术出版社，2012年版，第53页。

图 5-6 《妈妈抱我》

　　研究者认为当前幼儿绘画教育中重"物"轻"事"的现象与"极简主义"的艺术表现和主张是相似的。"极简"一词出现在 20 世纪 60 年代中期第二次世界大战结束后,是从美国兴起的西方现代艺术流派之一,又称"极少主义"(Minimal Art)、"简约主义"和 ABC 艺术。极简主义反对 20 世纪初抽象派的一切艺术作品,反对一切强调精神内涵的东西,反对自我表现的、带有强烈的个人色彩情调的作品。极简主义艺术家 Stella 曾说:"我的画就是关于看到的事实。它只是一个物质,无论谁怎么去作画,最终他都要面临它只是一个物的事实。"①极简主义强调的是作品本身,即你看到的便是作品的一切,不存在什么内涵、寓意,除了作品这个物体以外,什么都不存在了,艺术作品被还原到了实实在在的物的状态。美国当代艺术史家迈克尔·弗雷德对极简艺术进行了深刻的批判,称极简艺术家为"实在主义者",他认为,极简艺术将艺术还原为物理的实在,这种实在性就是"物性"。把实在性孤立出来进行实体化,这样的艺术作品即为空洞②。阿恩海姆对"极少主义"所追求的简洁提出了令人深思的质疑:"如果艺术的终极目标只在于追求简洁性的话,那么,覆盖在油画

---

　　① 转引自高名潞:《美学叙事与抽象艺术》,成都:四川美术出版社,2007 年版,第 13 页。

　　② [美]迈克尔·弗雷德:《艺术与物性:论文与评论集》,张晓剑、沈语冰译,南京:江苏美术出版社,2013 年版,第 158 页。

布上的各种颜料,或者再画上各种标准的几何图形,就应该成为一种最理想的艺术表现题材……这样的艺术形式,一旦完成了它们对于人们视觉的治疗性(therapeutic)功能,那平淡无奇的配色方案,就不再能够给人带来任何满足。"①简化是幼儿绘画的重要方式,幼儿绘画发展的规律表明幼儿天生具有一种概括和简化的能力,但是幼儿运用简化的手法表达的是复杂情感等。这里所提出的"极简"区别于幼儿绘画中运用的简化方式。当前幼儿园的绘画活动的选择中重"物"轻"事"的现象,是对幼儿绘画精神内涵的简化和忽视。

(二) 绘画过程:体验缺失

谈到绘画活动过程,研究者首先呈现一个活动案例:这是一个大班的绘画活动"蜡梅花"。活动开始,老师带领幼儿观看欣赏已经制作好的蜡梅花作品课件。然后教师讲解并示范吹画的方法,并让幼儿练习用嘴吹颜料的技法。然后幼儿开始完成自己的作品,在纸上用吹画的方法来完成一幅蜡梅花作品。

上述活动案例是某些幼儿园日常的绘画教育活动中常见的案例,是幼儿园作品栏中"千人一面"的幼儿作品的主要来源。从体验的角度看,这样的绘画活动很难激发幼儿的情感和创作的愿望,活动更多地指向某些技能的练习。教育部《幼儿园教育指导纲要(试行)》(以下简称《纲要》)将艺术教育领域的目标概括为三方面,即让幼儿能初步感受并喜爱环境、生活和艺术中的美;喜欢参加艺术活动,并能大胆地表现自己的情感和体验;能用自己喜欢的方式进行艺术表现活动。《纲要》中的"感受""喜欢""喜爱""情感""体验""表现"等措辞直指幼儿的审美体验,而当前幼儿绘画教育中长期强调艺术知识的灌输和技能技巧的强化训练,忽视幼儿灵感与直觉能力的培养等。近年来在幼儿艺术活动中的审美体验缺失现象越来越受到人们的关注。陈迁指出:"在我国的幼儿艺术教育实践中,审美体验缺失的现象比比皆是,除了艺术欣赏活动之外,

---

① [美]鲁道夫·阿恩海姆:《艺术与视知觉》,孟沛欣译,长沙:湖南美术出版社,2008年版,第348页。

在艺术知识和技能的教学或艺术创作活动中,审美体验缺失的现象也普遍存在。"①易晓明对当前幼儿艺术教育中审美体验缺失的原因做了深入的分析:"究其原因在于今天的艺术教育乃至整个教育压制和剥夺了幼儿的身体生活,有意地将他们的身体与心灵、身体与世界割裂。"②幼儿艺术教育中审美体验缺失是"叙事缺失"的重要体现。

审美体验缺失与人们对体验的认识不够全面和深入有关。狄尔泰、海德格尔、伽达默尔等都对体验有较多的论述。狄尔泰认为体验是生命存在的一种方式,是对生命、对人生、对生活的感发和体悟,海德格尔认为体验是"领会"。伽达默尔认为可从分析"经历"一词的意义来获得对体验的理解。在《真理与方法》一书中,伽达默尔对"体验"概念的含义和美学意义做了详尽的阐述,并指出了体验的形成过程:"只要某些东西不仅仅是被经历了,而且其所经历的存在获得了一个使自身具有永久意义的铸造,那么,这些东西就成了体验物。"③与人的艺术活动相伴的体验是审美体验。国内学者王一川、万书元等从审美体验与艺术的密切关系的视角解读审美体验:"审美体验是贯穿于创作、欣赏、消费及传播之始终的精神活动。艺术创造活动总是以审美体验的启动为起始,但审美体验并不以艺术创作活动的完成为结束。"④当代美学家叶朗对审美体验的界定对我们有很大启发,他将审美体验与认识做了严格的区分:"审美体验是与人的生命和人生紧密相连的,而认识则可以脱离人的生命和人生而孤立地把事物作为物质世界(对象世界)来研究。审美体验是直接性,是当下、直接的经验,而认识则是逻辑思维,在逻辑思维中把事物的整体进行了分割。审美体验创造一个充满意蕴的感性世界(意象世界)。"⑤可以看出,审美体验是人们通过亲身艺术实践所获得的一种深层次的、与人类生命活动息息相关的内心感受。

---

① 陈迁:《审美体验——幼儿艺术教育的应有之义》,《幼儿教育》,2011年第5期。
② 易晓明:《身体、审美与艺术教育》,《学前教育研究》,2008年第6期。
③ [德]伽达默尔:《真理与方法》,洪汉鼎译,北京:商务印书馆,2007年版,第87页。
④ 王一川:《审美体验论》,天津:百花文艺出版社,1992年版,第136—137页。
⑤ 叶朗:《美学原理》,北京:北京大学出版社,2009年版,第98页。

对审美体验的认识可以帮助我们更清楚地考察幼儿绘画过程中的"体验缺失"现象。审美体验有不同的层次,田义勇根据体验发生的时间顺序将体验分为"原体验"和"再体验"。① 胡塞尔用"内感知"和"外感知"来区分人的不同层次的体验:"心理现象是内感知的现象,物理现象是外感知的现象。"②外感知是通常所谓的五官感觉,内感知就是情感、愿望、思维等。原体验侧重于人的外感知,再体验侧重于人的内感知。研究者认为当前幼儿绘画活动中偏重原体验而忽视幼儿的再体验,一些教师认为原体验是活泼泼的、强烈的、新鲜的。这样的绘画活动调动了幼儿的"外感知",又造成幼儿某些"内感知"的缺失。研究者观摩了一个大班绘画活动"抓龙虾",教师突破了传统的简笔画教学模式,提供了实物、图片等供幼儿观察与操作,以下是幼儿观察之后的谈话实录:

老师:龙虾长什么样子呢?

幼儿1:前面大,后面小。

幼儿2:像螃蟹的螯。

幼儿3:它走的样子很好玩。

幼儿4:它有的地方红,有的地方黑。

幼儿5:有的身体黑黑的,小尖尖上是红的;有的身体红的,小尖尖上黑的。

幼儿6:两个在打架。

幼儿7:大螯里面有尖尖的牙齿。

幼儿8:龙虾的身体跟螃蟹不一样,但是钳子一样。

幼儿9:龙虾有很多脚。

幼儿10:龙虾的脚和蚂蚁一样。

幼儿11:螯和脚都像蝎子。

幼儿12:龙虾都是用螯打架的。

① 田义勇:《审美体验的重建——文论体系的观念莫基》,上海:复旦大学出版社,2010年版,第107页。
② 倪梁康:《胡塞尔选集》(下册),上海:上海三联书店,1997年版,第679—680页。

绘画活动"抓龙虾"的内容是关于幼儿抓龙虾的事件，因此这样的绘画活动不仅仅画一个事物。阿恩海姆所说的："我们把机场称为一个事物，但是，我们会把飞机的抵达称为一个事件。"①图5-7反映了绘画活动的过程，即幼儿在观察、触摸龙虾之后进行了绘画活动。这些作品与传统的程式化作品相比具有生动性、个性化的特点。而图5-8和图5-9是研究者针对画龙虾案例，与执教教师重新调整教学环节并开展实施绘画活动之后的幼儿作品，本次活动在幼儿充分观察基础上，引导幼儿进行联想、讨论，加强幼儿的再体验。图5-9作者把龙虾的须夸大延长，画成小姑娘的长长的辫子，并为龙虾穿上了美丽的衣裳，产生"似虾似人"的变形效果。在幼儿眼里，红红的龙虾俨然就是一位有着长长辫子、身穿花裙子的婀娜多姿的小姑娘。这些作品与图5-7相比更富叙事性和创造性。

图 5-7 "抓龙虾"

图 5-8

图 5-9

---

① ［美］鲁道夫·阿恩海姆：《艺术与视知觉》，孟沛欣译，长沙：湖南美术出版社，2008年版，第312页。

图 5-8:"我爷爷带我去钓龙虾,我们用一个长长的钩子像钓鱼一样,但是我觉得龙虾在水里玩得很开心,不愿意到岸上面来,结果我们只钓到了鱼,哈哈!"

图 5-9:"这个龙虾妹妹有长长的辫子,她正在跳什么舞呢!哈哈,你猜不到吧,是新疆舞。"

我们从胡塞尔所说的"体验流"中能够得到启发:"每一种现实的体验都必须是一种持续的体验,而且它随此绵延存于一种无限的绵延连续体中。""它属于一个无限的'体验流'。"①幼儿在绘画活动中的体验是不断的有所生、有所成的过程,这个过程中幼儿的体验内容、体验程度处于不断变化之中。幼儿在绘画过程中的观察、想象、思维、情感等是形成幼儿"体验流"的过程。在这个体验之河中,幼儿的体验一直处于流动变化之中,这个流动也体现在创作之后的评价中,也就是说,幼儿在绘画评价中也有着独特的审美体验。

(三)绘画评价:"消极讲述"

研究者在幼儿园观摩了很多绘画活动,幼儿在创作过程中一般都是按照教师的要求和标准完成绘画。当孩子们完成好自己的作品,教师组织幼儿排排坐进行绘画评价是集体绘画活动的最后也是必须的环节。教师的提问通常是:"请小朋友说一说自己画了什么?""你们觉得谁画得好?为什么?"这样的评价环节是匆忙式的,幼儿在集体面前的描述一般都是简短而直接的,大致说出画面描绘了什么物体之类。如"我画了花、草和房子。""我画的是……"由于绘画内容是教师事先确定的,幼儿在绘画过程中缺失体验,幼儿就会表现出完成任务式的"消极讲述",这样的"消极讲述"缺乏叙事性,幼儿表现得非常谨慎和不自在,"消极讲述"的实质是幼儿无"事"可"叙"。

评价过程中除了出现这样的"消极讲述",教师还常常质疑或否定幼儿的

① [德]胡塞尔:《纯粹现象学通论》,李幼蒸译,北京:商务印书馆,1992年版,第205页。

叙事。"雨是黑色的吗"这个案例中,教师依据的是"乌云是黑色的,雨不是黑色的"客观的科学知识,这样的科学规则反映了教师对再现物理实在的追求。幼儿在与教师对话过程中描述、反思自己的作品,因此绘画评价的过程是幼儿审美再体验的过程。上述案例中教师无视幼儿的再体验,对幼儿下雨时的主观体验和感受发出质疑,这样的评价无法实现"视域融合"。面对幼儿的再体验,教师应该采取的是"倾听"而不是质疑,倾听是一种开放、平等的心态。"这么多黑色不好看"是教师预设的绘画评判标准。阿恩海姆在《艺术与视知觉》一书的引言中做了这样一段生动的比喻:"我们常常遇到的情境是,艺术作品成为一具小而精致的尸体。被一大堆焦灼而急切的外科实习医师和化验员共同解剖。"①当前按照自己的感觉画画成为幼儿的一种奢求,幼儿园的绘画活动处于教师高度控制之下。

雨是黑色的吗?

幼:我画的是大家打伞在雨里走。

师:你为什么用了这么多黑色?

幼:我觉得下雨的时候天就是黑的。

师:乌云是黑色的,但是雨不应该是黑色的呀。

幼:下雨的时候我看不见了。

师:这么多黑色不太好看。

图 5-10 《下雨了》

---

① [美]鲁道夫·阿恩海姆:《艺术与视知觉》,孟沛欣译,长沙:湖南美术出版社,2008年版,第1页。

值得一提的是,当前幼儿绘画教育中还存在虚假叙事。研究者曾经观摩过某幼儿园的绘画活动"画刘翔",作品内容来源于主题活动"奥运会"。活动过程中孩子们冥思苦想,他们反复观察老师提供的刘翔参加运动会的图片后画画。结果孩子们的绘画作品内容大同小异,基本上是正面的人物形象,画面缺乏生机和个性。类似的题材还有"画英雄杨利伟""画长城"等,这样的绘画题材比较宏大,绘画目的是指向幼儿的爱国主义教育。这一类题材虽然与奥运会等事件相关,但是内容远离幼儿的生活,脱离了幼儿的生活经验,幼儿依赖于教师提供的间接经验,幼儿的叙事绘画成为一种"虚假叙事"。当然,研究者并非完全否认幼儿绘画中的社会生活题材,而是绘画教育应该考虑如何将这类题材与幼儿的视角、幼儿的生活相融合,使幼儿产生叙述的愿望与激情。虚假叙事也是叙事缺失的一种表现,成人主导下的宏大叙事中幼儿对事件的感受常常是单一的、表层的,缺乏想象、情感、理解等体验过程,最终导致幼儿的个体叙事缺失。

二、幼儿绘画活动"叙事缺失"的原因分析

(一)教师的幼儿绘画观和绘画教育观的偏失

长期以来,幼儿绘画研究深受认识论上的理性主义影响。幼儿的绘画受到广泛的关注是在 19 世纪末。1885 年库克发表的《我们的艺术教学与幼儿本质》对于幼儿的绘画研究具有划时代的意义,幼儿的绘画因其天性的流露和自然纯真的情感表现开始成为艺术心理学家研究和关心的对象。早期的幼儿绘画研究多集中于观察不同年龄阶段幼儿的绘画表现,从而提出了幼儿绘画的发展阶段理论。德国心理学家和美术教育家歌仙修泰纳在调查了 58 000 余名幼儿收集 30 万张幼儿画的基础上,于 1905 年写成的《幼儿图画能力的发展》一书中将幼儿绘画能力发展划分为错画期(1—3 岁)、图式期(3—6 岁)、对线与形发生感情的时期(6—9 岁)、想表现得像实物的时期(9—12 岁)、正确表现

形状的时期(12—15 岁)。歌仙修泰纳的阶段理论没有抓住各阶段的本质性特征,他对幼儿绘画阶段的划分是以线条能力的发展为各个阶段的标志,而忽略了绘画的其他要素。但他较早提出了幼儿绘画能力发展阶段学说,为后来幼儿美术的发展阶段研究学说提供了大致的发展脉络,他的理论直接影响了后来柏特、吕凯、赫伯特·里德、维克多·罗恩菲尔德等人的幼儿绘画能力发展阶段理论。维克多·罗恩菲尔德被誉为"20 世纪中叶世界美术教育的代言人",他在 1947 年出版的《创造与心智的成长》一书中对幼儿绘画能力的发展阶段特征进行了详细的阐述,他将幼儿的绘画发展分为涂鸦期、前图式期、图式期、写实萌芽期和拟写实期等五个阶段。幼儿绘画发展阶段理论反映了幼儿美术研究的心理学取向,将幼儿绘画能力作为幼儿心理发展的重要标志,即通过对幼儿绘画的分析研究,为幼儿心理发展阶段研究提供科学的实证材料,同时也为幼儿艺术教育提供了解幼儿艺术的依据。这一取向也反映在随后的"画人测验"等幼儿智力水平测试中。20 世纪 40 年代,受精神分析学派的影响,幼儿绘画被作为幼儿内部心理状态的视觉表征来研究,出现诸如"房—树—人"等绘画投射测验。

随着 20 世纪 60 年代心理学家阿恩海姆《视觉思维》一书的出版,人们开始关注幼儿绘画过程中认知和审美因素的重要作用。我国台湾幼儿艺术教育专家郭祯祥认为幼儿美术心理学取向的研究是"以幼儿为中心主轴所思考的理论模型,亦充分反映出现代主义者理性、线性、条约化的思维"[①]。以上可以看出,传统的幼儿美术研究深受客观主义和理性主义的影响,人们普遍认为幼儿的美术学习有其固有的、基本的特征,是一个客观的、脱离背景的、可精确化和常态化的现象。如上述幼儿美术阶段理论描绘的是幼儿绘画发展的线性运动过程,采用的是高度实证、去背景化和普遍性的方法。

以下是研究者观察的一个幼儿园大班绘画活动的实录片段:

---

① 滕守尧:《幼儿艺术教育的理论与实践研究》,南京:南京师范大学出版社,2010 年版,第 5 页。

师:有一种昆虫在夏天很多,像飞机一样,你们猜是谁?

幼(齐声说):蜻蜓。

师:你们见过蜻蜓吗? 它是什么样的?

幼1:蜻蜓有4个翅膀。

幼2:它身上有条纹。

幼3:它下雨时会飞得很低。

师:我们说说它的样子。

幼1:它有长长的翅膀。

幼2:它的眼睛有好多洞。

教师边范画边讲解。

教师画好眼睛,分别请幼儿1、幼儿2添画身体和翅膀,提醒幼儿蜻蜓的尾巴那儿有个"缺口"。

师:他们画得不错,因为他们平时很少用粉笔的。

教师出示彩色油画棒画好的范画,其中有一朵荷花、一片荷叶和一只没涂色的蜻蜓。

师:漂亮吗? 说说哪儿漂亮?

幼1:翅膀漂亮。

幼2:荷花。

幼3:缺口好看。

幼4:荷叶好看,颜色有渐变。

教师拿出两种深浅不一的绿色的油画棒。

师:在用两种颜色的时候,先用淡色的。

教师边讲解边示范为没涂色的部分涂色。

师:你们有没发现河水的颜色有两种。请你们记住要用深色的水彩笔勾线。

幼儿开始作画,教师巡回指导,不断提醒幼儿要画得大,注意变化蜻蜓的姿势。

师：荷叶上的花纹像网一样的，不要画得直巴巴的。

师：今天老师主要看色彩有没有渐变。

师：荷叶不要画得圆溜溜的。

......

以上活动中，教师多次强调"今天老师主要看色彩有没有渐变"，但她并没有让幼儿理解为什么用渐变方法、渐变方法与传统的涂色方法有何异同，幼儿只能机械模仿、练习。如果幼儿绘画活动过多地注重绘画技能教学，就会忽视幼儿绘画过程中的情感需求和体验。有些教师常常将幼儿的绘画教育视为绘画知识和技能的学习，如幼儿园绘画教材以点、线、面等技能的学习来安排幼儿的绘画学习。强调绘画教学内容固定以及幼儿绘画学习的计划性和标准性，机械地按照教学计划和教学程序进行，忽略绘画对幼儿情感表达的功能，呈现出以学科为中心的幼儿绘画教育倾向。

（二）传统的范画教学对当前幼儿绘画活动实践的负面影响

幼儿园美术活动中的范画教学深受简笔画教学影响。简笔画教学最初来自裴斯泰洛奇的主张，裴氏以"教育心理化"为前提，强调在一切知识中都存在一些简单的要素，形成要素教育思想，即以"简单要素"建立有效的教学方法。裴斯泰洛奇致力于学校美术教育的研究，寻求一种始于简单形式、由简及繁的教学方法。德国的美术教育家施图尔曼发展了裴斯泰洛奇的简化美术教育观，认为幼儿应按照严格的步骤、方法和计划做这些简化和抽象了的形状的仿制练习。这种简化式的基本元素训练逐渐发展成了简笔画教学，其机械式的趋于呆板的绘画教育背离了幼儿鲜活的生活，扼杀了幼儿的叙事能力和艺术创造能力。

易晓明曾经描绘了范画教学活动的流程：首先，"老师出示一幅自己创作的'孔雀'简笔画，指明今天的教学内容就是画孔雀；然后，教师当着孩子的面在黑板上重画一个孔雀;最后,孩子开始临摹教师的孔雀图。"①简笔画是由最简单的线条、图形概括出人物、动物等的外形,幼儿在描摹的过程中受到其模式化的限制,想象与创造受到束缚。简笔画教学离不开"范例",这些"范例"则是按照成人的思维特点,由成人预先设计完成所教授简化的图形,然后在成人的指导下,由幼儿临摹练习的一种教学形式。在幼儿绘画活动中推行简笔画,无异于"以不变应万变",通过一种程式化图形来取代幼儿丰富的审美体验,无视幼儿直觉思维的差异性。如一些幼儿绘画活动过程常常遵循这样的步骤:谈话引起兴趣—确定主题和基本结构—示范或半示范绘画—幼儿作画—讲评展示作业。研究者曾经观摩了某市幼儿园美术公开课活动,其中有一个简笔画活动案例:教师用两个蛋的故事示范画了长颈鹿,当幼儿作画时,尽管老师不断提醒幼儿尝试创造性地改变长颈鹿的姿态,结果16名参加活动的幼儿中有15人画的长颈鹿与老师示范的造型一模一样。这是一个典型的深受简笔画教学影响的活动案例。

范画教学过程是一个简单的由眼睛到手的过程,没有"心"的思考,可以说是一个类似"复印"的过程。对幼儿来说,只有"眼中之竹",没有"胸中之竹",而幼儿的"眼中之竹"是成人简化过的"眼中之竹"。上海特级教师李慰宜对这些"范例"提出了质疑和批判,她认为:(1)范例让幼儿接受低水平的艺术熏陶;(2)范例会导致"复制型幼儿"的养成;(3)范例使幼儿习惯于一种风格。②幼儿在简笔画练习中或许掌握了绘画的技巧与机能,却失去了绘画的兴趣和叙述表达的欲望与热情。

《3—6岁儿童学习与发展指南》(以下简称《指南》)中艺术领域的目标清楚地指向两个重要方面:一是感受与欣赏,二是表现与创造,并将培养幼儿艺术的兴趣、大胆地自我表现与创造作为核心内涵。《指南》中针对幼儿的艺术表达提出了"了解并倾听幼儿艺术表现的想法和感受,领会并尊重幼儿的创作意

---

① 易晓明:《寻找失落的艺术精神——幼儿艺术教育的人文化构建》,北京:高等教育出版社,2007年版,第3页。

② http://www.yejs.com.cn/yjll/article/id/46328.htm.

图,不简单用'像不像''好不好'等成人标准来评价"等教育建议,并明确指出"幼儿绘画不宜提供范画,特别不应要求幼儿完全按照范画来画"。华爱华教授在《范画让幼儿缺失了什么》一文中指出:"艺术是一种表现性的活动,表现的是自己对事物的理解和感受,激发幼儿画画冲动的是幼儿自己对事物的印象,而不是画画的技能,所以没有感受就没有表现"。[①] 她甚至认为幼儿的绘画与幼儿的装扮游戏有异曲同工之处,都具有表征与叙事功能:"幼儿是用线条和图形的各种组合来表征他们想要表现的事物,同样,这种图形和线条的组合与实物的原型之间很不像。"[②]因此,正如我们反对为幼儿的角色游戏制作好多逼真的物品而限制了幼儿的想象性表现,我们也反对教师为幼儿绘画提供示范而限制幼儿更为多样的表达和叙事。

---

① https://mp.weixin.qq.com/s/VH8dz74O0vgFsKtT3zHTJw.

② https://mp.weixin.qq.com/s/VH8dz74O0vgFsKtT3zHTJw.

第六章

走进幼儿叙事的美术教育实践

一、尊重和保护幼儿的叙事天性

教师应尊重和保护幼儿的叙事天性。"人的天性是不能改变的,而且人之所以为人,就是以人的天性为根基、为前提的。天性的生成是由生命的进化历史决定的,是经自然选择的,因而是自在的合规律合目的的。教育的出发点应当是人的天性,教育应当尊重天性。"①幼儿总是对世界充满好奇,一些成人司空见惯的事物在幼儿看来却那么新奇、有趣,因此,幼儿常常渴望与同伴、父母、老师分享他们的看法、发现、问题甚至幻想。卢梭警告人们慎重对待幼儿的天性:"偏见、权威、需要、先例以及压在我们身上的一切社会制度都将扼杀他的天性,而不会给它添加什么东西。他的天性将像一株偶然生长在大路上的树苗,让行人碰来撞去,东弯西扭,不久就弄死了。"②布鲁纳举出了两种对待幼儿叙事的不同方式对我们很有启发。美国研究者对特拉克顿的下级阶层黑人幼儿和罗德维尔的中产阶层白人幼儿进行了比较。每当黑人幼儿富有想象力地详细讲述他们日常所做事情的时候,他们会受到周围人们的赞扬,于是他

---

① 刘晓东:《论教育与天性》,《南京师大学报(社会科学版)》,2003年第4期。
② [法]卢梭:《爱弥儿》,李平沤译,北京:商务印书馆,1994年版,第1页。

们就讲得越来越好,而白人幼儿却被他们的父母、老师等教训说"要忠于事实"。"毫无疑问,罗德维尔的和特拉克顿的孩子们最终对于真实的世界究竟是怎样的得出了自己各自的结论——而且确定无疑的是,特拉克顿孩子们的结论比罗德维尔孩子们的更加富有想象力。"①布鲁纳认为,特拉克顿孩子们与成人的互动中,他们的叙事总是受到成人的肯定和积极的反馈,叙事性思维得到发展和保护。而罗德维尔的孩子们的父母或老师总是以例证思维的方式对待孩子,无视幼儿的叙事性思维,久而久之,孩子们的想象力被压制和扼杀了。

绘画活动中,如果我们像罗泽·弗莱克-班格尔特倡导的那样"我们不能随便干涉他们作画,要让他们按照自己的节拍、用自己的语言作画;我们不能随便更改他们的画,不能给他们做示范,不能批评他们,重要的是对其内容和结构不能随便提建议"②,那么幼儿在绘画中的叙事性思维就能得到充分的发展和保护。教师们应该听听阿恩海姆的建议:"对于孩子来说,教师最该做的事情,难道不是允许孩子们独自在一边画画,用信任对待他们并让他们按照自己的感觉随心所欲地画画吗?"③因此,绘画活动中我们应该不干涉幼儿的绘画,提供给幼儿绘画的工具和材料让幼儿充分地表达,满足幼儿叙事的需要。研究者在实践中发现,很多教师在幼儿绘画过程中总是要求幼儿"安静地画画",总是提醒幼儿"画画时不能说话",常常将幼儿的"绘画"与"会话"对立起来。幼儿的叙事是整体性叙事,幼儿的叙事方式具有整体性。他们在绘画过程中常常自由地哼唱、与同伴对话、嬉戏,他们的哼唱、对话是他们叙事的方式,也是他们叙事的内容。所以尊重幼儿的叙事天性,还要理解和尊重幼儿叙事的整体性方式。不能用成人的标准来评价幼儿的叙事,因为幼儿有着不同于成人的生活,有自己思考、发现和表达问题的方式。

---

① [美]杰罗姆·布鲁纳:《故事的形成:法律、文学、生活》,孙玫璐译,北京:教育科学出版社,2006年版,第85页。

② [德]罗泽·弗莱克-班格尔特:《孩子的画告诉我们什么——幼儿画与幼儿心理解读》,程巍等译,北京:北京师范大学出版社,2010年版,第42页。

③ [美]鲁道夫·阿恩海姆:《艺术与视知觉》,孟沛欣译,长沙:湖南美术出版社,2008年版,第160页。

二、着眼于"圈外儿童艺术家"的培养

毕加索说过,每一个儿童都是艺术家。儿童的绘画以其朴素、纯真、大胆的想象等审美特征打动了许多成人艺术家的心扉。高更、马蒂斯、毕加索、米罗等艺术家都曾研究并借鉴过幼儿绘画的表现手法。加德纳认为:"正是儿童的艺术的方法,儿童对形式的潜意识的感觉,对出现的问题进行探索和解决的意愿,敢于冒险的能力及必须在符号领域才能出现的感情需求成为许多艺术家想要竭力模仿的东西。"①美国学者丹尼尔·科顿姆针对艺术教育提出的"圈外人艺术现象"给我们很多启发。科顿姆以"是否受过正规训练"来区分"圈内人"与"圈外人"。"圈外艺术家没有耶鲁大学或是加利福尼亚艺术学院甚至是保尔州立大学的美学硕士文凭。"②"圈外艺术家"虽然没有接受系统专门的训练,但他们的艺术"不需要依赖任何传统根源;他们追求的不是公众和观众的赞赏和捐款。他们的作品在探寻着人类的心灵和人类的创造力,同时也是这一漫长曲折的探寻历程的产物。在这里,奇特而又强有力的艺术表现形式从无法抑制的强大的力量中迸发出来,这样的艺术表达常常令人无法忘怀,也令人感到不安。"③因此,幼儿是真正意义上的"圈外艺术家"。

但是,传统的绘画教育总是试图使幼儿成为"圈内艺术家"。如过多过早的技能技巧的训练、以教师的范画限制幼儿的自由创造、以艺术知识的灌输代替幼儿的理解和感受等。一些幼儿园绘画教材中按照科学知识的逻辑方式设计了点、线、图形等的循序渐进的绘画内容供幼儿学习和训练,幼儿的情感、经验等被置于边缘位置,这种"圈内人"取向的绘画教育使幼儿逐渐丧失掉与生

---

① [美]艾尔·赫维茨,迈克尔·戴:《幼儿和艺术》,郭敏译,长沙:湖南美术出版社,2008 年版,第83 页。

② [美]丹尼尔·科顿姆:《教育为何是无用的》,仇蓓玲、卫鑫译,南京:江苏人民出版社,2005 年版,第84 页。

③ [美]丹尼尔·科顿姆:《教育为何是无用的》,仇蓓玲、卫鑫译,南京:江苏人民出版社,2005 年版,第85 页。

俱来的艺术灵性与冲动。科顿姆毫不留情地批评了幼儿艺术教育中的"圈内人现象":"艺术学校的传统遗产让许多人掌握了过多的技术专长和分析技能,与他们最初目的相反,这种困扰逐渐阻碍了许多艺术表现形式中最深刻最重要的核心——对人类最有感触的体验加以热烈而纯粹的传达。"①英国艺术评论家罗杰·弗莱参观了一个12岁以下幼儿创作的绘画作品展后发出这样的感叹:"他们大多数都没有接受过任何正规的指导……在那些常规学校里学过绘画的孩子们的作品,与那些被教导只需要画出他们自己想画的作品之间,存在着显著的差异。似乎明显的是,常规的教育彻底毁掉了孩子们再现与设计的独特天赋,却代之以对某些当代习见模式的微不足道的模仿。"②罗杰·弗莱高度肯定了那些没有接受过正规训练的"圈外幼儿艺术家":"没受过绘画建议的孩子们拥有巨大的优势。我们大家都可以回忆起我们生活在其中的那个万物有灵的孩子世界,家里的每一个物品都有人格,不是对我们友好,就是怀有恶意,不是站在我们一边,就是反对我们的。我们都还记得那样一段时光,我们的视觉生活是如此紧张,房间最微小的一点变动,家里添置最小的一件家具,都是一个激动人心的事件。这种赋予周围的一切以强烈情感价值的习惯,正是使得孩子们的视觉生活比几乎所有成年人的视觉生活都更加生动活泼、更加强有力的地方。如果没有什么东西干扰其表达,孩子会以一种极端率性、极端简洁的方式来诠解其生动的视觉感知,并设法传达给观众他自己直觉的情感力量。"③罗杰·弗莱将未经训练的幼儿艺术与原始艺术进行了比较,认为幼儿的绘画是原始艺术的真正范例:"原始艺术家强烈地为事件与对象所打动,他的艺术是对他的惊叹于欣悦的直接表达。"④

意大利瑞吉欧教育体系中的幼儿是典型的"圈外艺术家"。这些"圈外艺

① [美]丹尼尔·科顿姆:《教育为何是无用的》,仇蓓玲、卫鑫译,南京:江苏人民出版社,2005年版,第88页。
② [英]罗杰·弗莱:《弗莱艺术批评文选》,沈语冰译,南京:江苏美术出版社,2010年版,第164页。
③ [英]罗杰·弗莱:《弗莱艺术批评文选》,沈语冰译,南京:江苏美术出版社,2010年版,第166页。
④ [英]罗杰·弗莱:《弗莱艺术批评文选》,沈语冰译,南京:江苏美术出版社,2010年版,第165页。

术家"保持着敏锐的直觉和天真烂漫的童眸,他们的绘画常常是基于深深打动他们心灵的生活事件,具有较强的叙事性和感染力。图6-1、图6-2、图6-3和图6-4展示了瑞吉欧教育中的一个叙事绘画案例,这些绘画作品的作者均为瑞吉欧幼儿教育中心5—6岁的幼儿①。"校园里有只母猫生了一群小猫,对孩子来说这是一次不同寻常的机会,也是一个很好的经验……母猫和小猫的生活成了一个丰富多彩的研究领域,成了一片充满发现和意义的乐土,这些发现和存在的意义逐渐相辅相成。"②母猫和它的一群小猫成为幼儿观察、探究的对象,幼儿接近小猫时表现出了温柔、细心和专注,这种持续的情感使他们在整个事件中保持着新鲜感、好奇心和探究欲望。图6-1中,幼儿与小猫共同嬉戏,将它们作为自己的绘画对象。在他们的眼中,猫和他们自己一样是具有生命的个体,于是他们的作品中每一只猫的耳朵、眼睛、胡子、嘴巴各不相同,呈现的是充满了生气、活泼甚至愤怒的情绪的小猫(见图6-2)。正如加登纳所描绘的幼儿艺术家:"让我们感到幼儿是在直接以画对话,每一根线条、每一种形状和形式都传达了他的内在情感及其尝试,传达了他们理解的客观世界。"③图6-3中幼儿虚构了母猫生小猫的故事,情节生动,画面丰富,蕴涵了幼儿对母猫生小猫的朴素理论:"夜里母猫在庭院里闲逛,来到树下张开大口,选出它最喜欢的猫当作种子,然后说:'我要像这种的大黑猫。'于是树上落下种子,然后,小猫就出生了。"图6-4中描绘的是一群在游戏的小猫。"在我奶奶家,有一些猫老是躺在草丛里,它们有的想要躲起来,或许是想做陷阱,或许是想在草丛中和朋友一起玩捉迷藏的游戏,或者是假装正在打盹。"幼儿发挥了想象力,创造出了一群生动有趣、造型各异的猫的形象,体现了幼儿绘画无拘无束、充满幻想的艺术魅力。

---

① Loris Malaguzzi 等:《孩子的一百种语言——意大利瑞吉欧方案教学报告集》,张军红等译,台北:光佑文化事业股份有限公司出版,1998年版,第177—179页。

② Loris Malaguzzi 等:《孩子的一百种语言——意大利瑞吉欧方案教学报告集》,张军红等译,台北:光佑文化事业股份有限公司出版,1998年版,第176页。

③ [美]霍华德·加登纳:《艺术·心理·创造力》,齐海东等译,北京:中国人民大学出版社,2008年版,第117页。

图 6-1

图 6-2

图 6-3   图 6-4

　　因此,绘画活动的开展是指向于"圈外艺术家"的培养。"圈外艺术家"有着丰富的情感,喜欢探索,有较强的审美欲求和审美能力。因此,"圈外艺术家"拥有"趣味"的生活态度,这种"趣味"相当于康德所说的"无利害的自由愉快"的"游戏"。梁启超认为"趣味是活动的源泉","是生活的原动力"。① "趣味"的生活态度使"圈外艺术家"容易被对象和事件打动,为自己的情感和个性

---

① 梁启超:《趣味教育与教育趣味》,《饮冰室合集》(第 5 册),北京:商务印书馆,1989 年版,第12 页。

所支配,能以最大的热情投入自己的活动。"缺乏正规的训练事实上会让人获得思想解放而不是受到阻力。"①研究者在收集资料的过程中发现,幼儿叙事绘画作品大多出自"圈外艺术家"之手,这些小作者几乎没有在校外上美术兴趣班的经历,他们善于运用独特的符号进行叙事表达。"圈外人艺术让我们重新回到了艺术最初的本质,它让我们摆脱了我们的大学、博物馆、美术馆和学术传统长久以来体现出的无知。"②"圈外艺术家"的培养与弗莱"艺术不可教"的立场不谋而合:"一直以来被忽视的事实是,艺术,确切地说,是根本不可教的。人们能教常规,例如语言的常规;人们能教产生某个科学实验结果的日期之类的历史事实;但人们不能教一个不存在的东西。因此,这一未知的东西是不可能由任何教师(不管他学问多么丰富,同情心多么强烈)传递给他的。"③

三、开展基于幼儿日常生活的美术活动

在艺术史上,随着社会的发展,最初从原始神话中分离出来的艺术、哲学等人类的精神活动,获得了离日常生活愈来愈远的独立地位,导致科学、艺术同生活处于分离状态。幼儿艺术亦是如此。绘画教育中幼儿绘画与生活的分离会导致重绘画内容重"物"轻"事",导致幼儿无叙事绘画的产生。幼儿无叙事绘画呈现的是一个个静态的事物,远离幼儿的激情、愿望、梦想和思考,使幼儿绘画丧失应有的表达、叙事功能。幼儿的生活是"由内在的精神生活和外在的社会生活构成……是内在的文化(即精神的、成长的、梦想的,等等)和外在的文化(即游戏的、童话的,等等)交织在一起。"④幼儿的绘画教育内容应该立足于幼儿的生活,源于幼儿的生活。

------

① [美]丹尼尔·科顿姆:《教育为何是无用的》,仇蓓玲、卫鑫译,南京:江苏人民出版社,2005年版,第87页。
② [美]丹尼尔·科顿姆:《教育为何是无用的》,仇蓓玲、卫鑫译,南京:江苏人民出版社,2005年版,第89页。
③ [英]罗杰·弗莱:《弗莱艺术批评文选》,沈语冰译,南京:江苏美术出版社,2010年版,第170页。
④ 侯莉敏:《幼儿生活与幼儿教育》,《广西师范大学学报》,2005年第4期。

　　生活事件是幼儿绘画的重要资源,幼儿生活在川流不息的事件之流中,生活事件始终是鲜活的、生机勃勃的。"生活中的事件、危机、责任、艰苦和满足是艺术取之不尽的素材。只有有一定生活阅历的人才最有可能创造出富有意义的作品。"①图6-5、图6-6、图6-7作品内容就是源于幼儿园组织的消防演练事件。幼儿园为了开展防火安全教育组织了一次全园性的观摩活动,邀请了消防员在幼儿园的操场为全园师生现场演示灭火。消防员要求老师为每位幼儿准备了湿毛巾。图6-5中,小作者选取了一个近距离观看灭火的场景,对大火与浓烟以及消防员的动作进行了仔细的描画:"消防员叔叔拿了一个东西对着大火喷,发出了一种声音,很刺激哦。"图6-6中,小作者突出了观看的人群,塑造了一个热闹的场景:"大火烧起来的时候,我们用湿毛巾捂住嘴,我闻到了一种味道,是烟的味道。"图6-7中,小作者对消防车留下了深刻印象,并在作品中表现出来。三幅作品的作者是同一个班的幼儿,观看的时间与地点相同。但是,每位幼儿选取的瞬间、人物造型、色彩等各不相同,呈现出生动的原创性艺术特点。

图6-5

图6-6

图6-7

---

①　[美]艾尔·赫维茨,迈克尔·戴:《幼儿和艺术》,郭敏译,长沙:湖南美术出版社,2008年版,第84页。

以下是叙事绘画活动"我的周末生活"中的活动片段,从幼儿的谈话内容可以感受到幼儿的周末生活蕴涵了丰富的生活事件。

师:请小朋友谈谈你的周末是怎么过来的,有没有发生什么特别的事情呢?

幼:我和爸爸妈妈一起去爬山了,还爬到了山顶。

幼:我去动物园玩了。

幼:我第一次去海底世界了,看到了好多好多那个蓝色的星星……(师:可能是海星吧。)

幼:我学会骑车了,好开心的。

幼:我去玩那个过山车了,这样转来转去,差点把我都甩在地上了……还看到了好多好多鱼……

幼:我和爸爸开车去看海底世界了,本来很开心的,可是那个地方离我家,好久好久,要坐着爸爸的车,坐好长时间,好累哟……

师:刚刚我听到了好多我们小朋友最开心的事情,但是顾子杰小朋友却提到了因为要坐很长时间的车,很累,所以有点不开心。其他小朋友有没有在周末之中也同样发生了让你不开心、很难过甚至是很害怕的事情呢?

幼:我去坐摩天轮了,到空中的时候感觉要掉下来了,好恐怖啊。

幼:我打羽毛球好几次没接到球,后来就不想玩了。

幼:我去探险王国玩了,坐摩天轮的时候我好害怕呀,心里好难过。

幼:我去爬山本来很开心的,爬到一半很累,不想爬了。可是爸爸妈妈又不给抱,我就很生气。

除了鲜活的生活事件,幼儿的愿望、困惑、疑问等"内在生活"都可以成为幼儿绘画的内容。例如,幼儿在入小学之前对小学生活充满了向往和疑问,于是教师组织设计了一次连环画活动,鼓励幼儿运用绘画的形式将自己的困惑表达出来。图6-8是一位6岁的男孩连环画作品,包括了"小学里一堂课要上多久?""小学生迟到了会不会罚站?""小学跳绳要跳几个?""小学做的数学题难不难?"等内容。

图6-8 《关于小学我想知道》

当前幼儿绘画教材中偏重对静态事物的描绘,忽视幼儿鲜活的日常生活经验,这是对幼儿生活经验的极大浪费。杜威认为:"学校的最大浪费是由于幼儿完全不能把在校外获得的经验完整地、自由地在校内利用;同时另一方面,他在日常生活中又不能应用在学校学习的东西。那就是学校的隔离现象,就是学校与生活的隔离。当幼儿走进教室时,他不得不把他在家庭和邻里间占主导地位的观念、兴趣和活动搁置一旁。学校由于不能利用这种日常经验,于是煞费苦心地采用各种方法和手段,以激发幼儿对学校功课的兴趣。"在杜威看来,"生活"与"经验"是等同的,他认为,经验与生活都是"包括人们所做的、所遭遇的事情,人们怎样活动和接受活动,人们行动和遭受、意欲和享受、观察、信仰、想象的方式。"杜威的"一个经验"的理论为我们提供了一把理解幼儿经验的钥匙。在杜威看来,经验既不是纯粹主观的,也不是纯粹客观的,它是人与环境相遇时出现的。"经验是有机体与环境相互作用的结果、符号与回报,当这种相互作用达到极致时,就转化为参与和交流。"①"每一个经验都是一个活的生物与他生活在其中的世界的某个方面的相互作用的结果。"②杜威认为经验有完整与不完整之分。日常生活的经验常常是零碎的、不完整的。在生活之流中,我们的注意力被不同的事件所吸引,我们的情感表现常常被打断和压抑,我们的某一项具体的活动不断受到其他活动的干扰。但是,人具有一种获得完整经验的内在需求。杜威认为"一个经验"具有完整性、丰富性、积累性和圆满性,得到完满发展的经验才具有审美性质,杜威致力于恢复审美经验与日常生活之间的连续性。"一个经验"理论提醒我们关注幼儿的日常生活经验,关注幼儿日常生活经验与幼儿的审美经验的密切联系。绘画教育内容立足幼儿的生活,应该关注幼儿经验的连续性。绘画活动实践中可以通过一系列活动,帮助幼儿积累丰富而连续的审美经验。

四、创造条件帮助幼儿积累"叙事资本"

"资本"一词,一般指财力、物力等物质基础,延伸引用到社会关系、文化地位等领域则意指着某种力量或资源。布迪厄对资本的概念是这样定义的:"资本是积累的(以物质化的形式或'具体化的''肉身化的'形式)劳动,当这种劳动在私人性,即排他的基础上被行动者或行动者小团体占有时,这种劳动就使得他们能够以物化的或活的劳动的形式占有社会资源。"③从布迪厄的定义可以看出,资本是一个在特定的场域里有效的资源。其定义隐含了资本的三个

---

① ［美］杜威:《艺术即经验》,高建平译,北京:商务印书馆,2007年版,第22页。
② ［美］杜威:《艺术即经验》,高建平译,北京:商务印书馆,2007年版,第46页。
③ ［法］皮埃尔·布迪厄:《实践与反思——反思社会学导论》,华康德译,北京:中央编译局,1998年版,第189页。

特性:资本的生成性,即资本是不断积累的;资本的排他性,即资本应与私人占有关系一致;资本的获利性,即资本是一种能获得更多资源的资源。布迪厄语境下的资本表现为三种基本类型:经济资本、文化资本、社会资本。除此之外,他还创造性地使用过诸多资本概念,如象征资本、教育资本、符号资本等。叙事资本的限定性修饰语是"叙事",本研究中是指幼儿的叙事资本,即源自幼儿的生活、经验、情感和想象等的叙述资源。

幼儿的叙事绘画离不开叙事资本的积累。罗恩菲尔德认为幼儿在绘画过程中"必须想到'一些东西',通常这'一些东西'对成人来说是无意义的,但对幼儿而言,它却经常意味着以自己的经验面对他自己。""经由这种经验,他的艺术表现便成为他生活整体的一部分。"①在其著作《创造与心智的成长》中他曾举了两个案例:

案例1:教师发现一个叫爱莲的幼儿总是在纸张的一小角落涂抹,于是引导爱莲:"你到过溜冰场吗?""告诉我你是怎样溜冰的?""假如这张纸是溜冰场,让我们用蜡笔在上面溜冰。"②

案例2:小民画飞机,教师启发他:"你的飞机在哪儿飞?""离地面高还是低?""它飞越过云层了吗?""它在哪儿着陆?""人从哪里走出来?"③

罗恩菲尔德谈到的"一些东西"即指幼儿经历的事件、获得的感悟、产生的联想等,即幼儿绘画的"叙事资本"。本研究除了收集幼儿的叙事绘画案例,还针对当前"叙事缺失"的绘画教育现象,与所参与研究的幼儿园大班教师开展了幼儿叙事绘画活动"消防演练""关于小学我想知道""掰玉米""我的周末生

---

① [美]罗恩菲尔德:《创造与心智的成长》,王德育译,长沙:湖南美术出版社,1993年版,第11页。
② [美]罗恩菲尔德:《创造与心智的成长》,王德育译,长沙:湖南美术出版社,1993年版,第5页。
③ [美]罗恩菲尔德:《创造与心智的成长》,王德育译,长沙:湖南美术出版社,1993年版,第6页。

活"。以下以"掰玉米"系列活动案例为例,具体剖析绘画活动中如何创造条件帮助幼儿积累"叙事资本"。

活动案例:"掰玉米"

活动一:关于"玉米苞"的讨论

周一的早晨,一个幼儿带来了一根玉米苞:"这是我乡下的爷爷带来的。"孩子们见过玉米以及玉米棒,但很多孩子没见过完整的玉米苞。

"我猜是一颗炸弹。"

"它有点像鞭炮。"

"它的上面瘦,下面胖!"

"它有长长的卷着的头发。"

"它穿的衣服有好几层。"

"玉米穿了衣服就不会被害虫咬。"

"像个不倒翁哦。"

……

以上是幼儿对玉米苞的描述,"它有长长的卷头发""它穿的衣服有好几层"等充分体现了幼儿的叙事性思维特征,既描述事实,又充满想象。教师应尊重幼儿的叙事性思维特征,保护和激发幼儿的叙事天性。教师没有灌输任何关于玉米苞的科学知识,而是在激发幼儿的好奇心和探究欲的基础上让幼儿充分讨论与猜想。

活动二:亲子活动:"掰玉米"

周末到了,老师组织了全班的亲子掰玉米活动。家长与幼儿来到玉米地,孩子们见到了大片的农地和丰收的场景。家长与孩子共同观察玉米田地,触摸玉米苞、玉米秆和叶子。整个活动中幼儿经历了摘玉米、剥玉米苞皮、煮玉米、吃玉米等系列活动。当然,幼儿还观察了秋天的收割机和成熟的稻子,当看到被风吹过的稻子像波浪一样翻滚的时候,家长与幼儿都欢呼起来(见图6-9)。

图6-9

活动三:讨论与绘画"掰玉米"

以下是孩子们摘完玉米的讨论:

"我们看到的玉米田好大!"

"一颗玉米树上面有好几个玉米。"

"我妈妈说自己掰的玉米很新鲜。"

"玉米田里有蜗牛。"

"我们掰的玉米堆在一起像一座山一样。"

"掰玉米的时候要用两只手才能摘下来。"

"我喜欢玉米的胡子,很好玩。"

"玉米地里可以捉迷藏。"

……

叙事资本的积累实质上是不断丰富幼儿审美体验的过程。摘玉米事件中幼儿经历了观察、讨论、猜想、实地摘玉米、再讨论、联想、绘画等活动过程,视觉、触觉、情感等心理活动共同参与。因此,幼儿的叙事处于不断的生成状态。活动一开始,幼儿通过对玉米苞的观察与猜想,叙述自己对玉米苞的理解和感受。在一系列活动中幼儿获得丰富的体验,既有原体验,又不断获得再体验,在"事件之流"中形成"体验流"。丰富多彩的活动使幼儿的体验层层推进,幼儿在观察思考中展开想象,积累丰富的叙事资本。这些叙事资本在幼儿叙事绘画中得到充分运用和表达。图6-10中小作者描绘的是跟爸爸掰完玉米之后播种子的事件,表达了小作者看到播种机之后的好奇和兴奋。图6-11中幼儿运用夸张手法将自己画成一个高大的摘玉米的人物形象,图画中对蜗牛的描述体现了小作者细致的观察能力。图6-12中幼儿运用拟人与夸张等手法创造了一个跳舞的玉米人形象。在积累了丰富的叙事资本基础上的叙事绘画作品充满了情感性、叙事性和创造性。

图6-10

图6-11

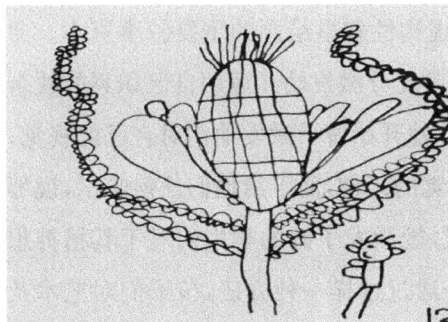

图6-12

图6-13

图6-10:"我和我的爸爸两个人牵着手,我们俩都拿着摘到的玉米,(右)我和爸爸站在播种机上播种子。我觉得播种机的轮子比大

人个头还高,后面像刀一样的东西,很神奇,可以把种子播到地里,我很兴奋可以看到这样的播种机!"

图6-11:"我在玉米地里掰玉米,我必须把我画得高一点,要不然我就掰不到玉米啦。下雨了,下了一会儿,太阳又出来了,我还看到了蝴蝶和蜗牛,是玉米上的小蜗牛呦!我看到蜗牛后非常害怕,蜗牛它会吃害虫,有点恶心呢!但是(右)口袋里装了许多玉米,我拿着摘到的玉米,非常开心!"

图6-12:"这是一个在跳舞的玉米,这个(小孩)是我。我唱歌,它跳舞哎。"

图6-13:"我去了玉米地摘玉米,我看到了很多很多玉米,玉米有大大的叶子,还有很长很长的茎,最后我看见了玉米,就把茎上的玉米摘下来了,很开心!"

亲历事件能够让幼儿获得丰富的生活体验,是幼儿积累叙事资本的重要途径,但幼儿亲身经历事件毕竟有限,因此,除了创造条件让幼儿在日常生活中与各种事件相遇,还应让幼儿经常聆听童话故事。童话故事能引发幼儿的联想与想象,幼儿听故事的过程是储存大量脚本或图式的过程,是不断提高想象力的过程,这些脚本或图式成为幼儿虚构性叙事绘画的重要叙事资本。弗莱在《教艺术》一文中介绍了一位艺术教师充分激发幼儿运用自己积累的故事图式或视觉经验进行绘画创作的案例。"她开始着手激发他们对自己的视觉,尤其是即使闭上眼睛也能看到的内心视觉的兴趣,而不给他们任何暗示,说那种视觉应该是什么样的等。以这种方式,她激发了她的学生们对于其精神想象力的异乎寻常的敏感性和明确性……通过这样一种方法,孩子们对艺术及富有诗意的想象产生了一种强烈的兴趣,这本身就是令人满意的结果,而这种方法,很难被认为是一种正统的教学法。"[①]

———————————

① [英]罗杰·弗莱:《弗莱艺术批评文选》,沈语冰译,南京:江苏美术出版社,2010年版,第172页。

五、为幼儿的美术学习提供视觉支持

视觉是人们观看世界的方式,也是人们认识世界的重要途径。阿恩海姆对视觉进行了界定:"所谓视觉,实际上就是一个通过创造一种与刺激材料的性质相对应的一般形式结构,来感知眼前的原始材料的活动。"[①]"视觉乃是一种积极的器官,在观看一个物体时,我们总是主动地去探查它……视觉是一种主动性很强的感觉形式。"[②]因此,人的视觉是积极主动地进行选择的,它不是对于感性材料的机械复制,而是对现实的一种创造性把握。幼儿在观看事物时也有其自身审美偏好,这种偏好实质上就是幼儿视觉上的主动选择性。幼儿能够通过视觉来感知欣赏对象中对他来说最突出的事物形象特征,这些形象含有丰富的想象性、创造性、敏锐性的美的形象。幼儿的视觉经验,就是将视觉感知到的形象不断地建立起具有其审美偏好的一个个特定的感知图式。

视觉支持是指现代社会通过各种视觉技术制作的图像支持,它以可见图像为基本表意符号,以大众媒介为主要传播方式,以视觉性(Visuality)为精神内核。在幼儿美术学习中提供多元化的媒介,如实物、视频、图片、绘本等,给幼儿充分的视觉支持,顺应幼儿视觉上的主动选择性,给幼儿提供充分的视觉资源,发挥他们视觉感知的潜力,获得足够的视觉经验,形成敏锐的审美能力。

在视觉文化背景下,面对海量的视觉形象,幼儿常常是"被观看""被审美"的,因此,亟待教师关注幼儿"看的教育",引领幼儿对量贩式的视觉形象进行审美阅读、价值判断、意义界定,并且能够在此基础上正确地运用已有的审美经验,才是对于幼儿美术教育最积极的回应。[③]因此更需要教师为幼儿提供丰

---

① [美]鲁道夫·阿恩海姆:《艺术与视知觉》,滕守尧、朱疆源译,成都:四川人民出版社,1998 年版,第 55 页。

② [美]鲁道夫·阿恩海姆:《视觉思维——审美知觉心理学》,滕守尧译,成都:四川人民出版社,1998 年版,第 25 页。

③ 孟佳:《"视觉教育"在高中美术鉴赏教学中的应用》,山东师范大学硕士学位论文,2012 年,第 7 页。

富多样的视觉支持,通过多元化的媒介给予儿童大量的视觉刺激,使幼儿感受不同文化的浸润与牵引,地域文化的滋养和多元文化的熏陶才能赋予幼儿美术创作过程完整的意义和鲜活的生命力。多元化视觉支持下的美术教育有助于幼儿领略世界多元文化的无穷魅力,也有助于幼儿感受人类文化的共生性与差异性,涵养人文精神,从而帮助幼儿更好地理解视觉文化下的各种图像,有效激发富有个性的感受欣赏能力与表现创造能力。[①]

下面以幼儿园大班开展的绘画活动"白云宝宝"为例,具体剖析绘画活动中如何提供视觉支持帮助幼儿积累视觉经验。

活动案例:绘画活动"我和白云宝宝做游戏"

首先,教师通过多媒体展示了大小不一的云朵,为了使幼儿更直观地感知云朵的大小,教师还事先准备了棉花来模拟云朵,并请每一桌幼儿将它们分成最大、中等、小一点、最小的四类"云朵",最后将幼儿们分好的成果进行展示。

然后,教师通过多媒体展示各种颜色的"云朵宝宝",引导幼儿进行观察。图6-14、图6-15、图6-16为教师多媒体展示的云朵图片。

图6-14

图6-15

---

① 吴丽芳:《视觉文化背景下学前儿童美术教育问题与对策》,《武夷学院学报》,2015年第10期,第90页。

以下是教师和幼儿在欣赏图片过程中的对话：

师：小朋友们，这片云朵是什么颜色的呢？

幼：是红色的！

师：云朵为什么是红色的呢？

幼：火烧云！它是红色的火烧云。

图 6 - 16

师：好，那我们再来看一看这片云朵是什么颜色的呢？

幼：粉色的云朵！

幼：我知道，它是晚霞！

幼：对！下午的时候会出现粉色晚霞！

师：那小朋友们看一看这片云彩呢？

幼：这是乌云，它是灰色的。

师：什么时候会出现乌云呢？

幼：在下雨还有阴天的时候。

……

师：云朵颜色丰富，每个时间颜色不同。云朵经常像玩游戏一样会变变变，所以我们刚才看到有红色火烧云、粉色的晚霞等，有时偏冷，有时偏暖。云朵除了变大小，变颜色，还有更了不起的本领。

接着，教师播放了一分钟云朵变化的视频。下面是师幼之间在观看视频后的对话。

师：在刚才的视频中小朋友们发现了什么？

幼:云朵会动。

幼:云朵会变形状,还会变颜色!

幼:云朵还会翻跟头。

……

师:非常好! 云朵最神奇的地方在于它会变化成各种形状。

接着教师出示图6-17、图6-18、图6-19、图6-20四张不同形状的云朵图片,并和幼儿讨论这些云朵像什么。

图6-17

图6-18

图6-19

图6-20

以下是师幼之间欣赏各种形状云朵图片的讨论:

幼:这个像一颗心。

幼:这张像人脸。

幼:这个像圣诞老人。

师:为什么像圣诞老人呢?

幼:因为他有大鼻子。

幼:因为它有着白花花的大胡子。

幼:它的头发也是白色的。

幼:这张像波浪。

幼:像海浪。

幼:它还像海水涨潮。

师:除了自然界还能想到其他生物吗?

幼:这张还像龙头。

幼:而且像一只张着嘴巴的龙头。

幼:还像龙的毛发。

幼:这张还像蛇。

......

接着教师出示在云朵上添几笔构成的图画,引导幼儿并提问每一幅画像什么。

图 6-21

图 6-22

图 6−23

图 6−24

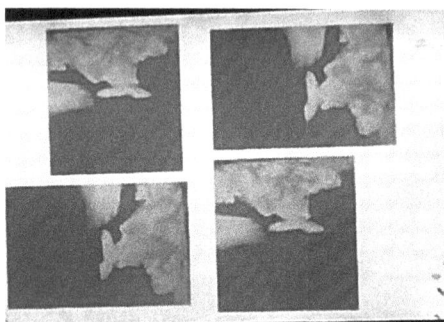

图 6−25

图 6−26

以下是幼儿欣赏图画之后的讨论：

图 6−21："左边的像冰激凌，右边的像小狗。"

图 6−22："第一个像小鸟，第二个像小狗，第三个像海豚。"

图 6−23："左边的像一只小恐龙。"

图 6−24："这个像一个面包。"

"这张像贝壳。"

"像一条弯弯的路。"

图 6−25："第三张图像半条的鱼。"

图 6−26："这张像鲸鱼喷出滚滚的水。"

"像一只小猪。"

"像前进的超人。"

......

最后,是幼儿自主创作以及分享的环节。教师将准备好的形状各异的云朵图片分发给每一桌的幼儿,幼儿想象自己跟云朵做游戏,构思创作出不同的云朵宝宝。画完后,教师先请其他幼儿猜一猜,再由绘画者讲述自己画的是什么。

图6-27、图6-28、图6-29是幼儿们的绘画作品:

 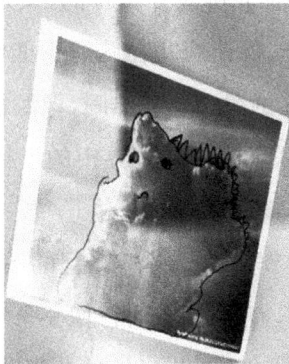 

图6-27　　　　　　　图6-28　　　　　　　图6-29

图6-27:"白云宝宝玩呀玩,遇到了一只吐着烟圈的霸王龙。"

图6-28:"我梦见白云宝宝变成了一个小怪兽,它的身上长了很多尖尖的角。但是我不怕,我跟他玩游戏。"

图6-29:"白云宝宝在天上游啊游,变成了一只可爱的大白鸭。"

视觉支持实质上就是给幼儿提供丰富多样的视觉媒介,不断丰富幼儿的视觉经验。"你好,白云宝宝"绘画活动就是教师引导幼儿欣赏来自大自然的云朵的固有面貌,并进行想象与创造的过程。教师为幼儿提供的视觉支持有实物、视频、图片等,循序渐进地引导幼儿通过视觉来感知云朵的大小、颜色、形状的多样性,欣赏不同的时间、不同的天气下丰富多样的云朵,并且随着云朵的飘动,它的形状在不断变化,漂浮着的云朵变幻莫测,有时候它的外形轮廓像人,有时候像动物,有时候像植物。教师通过视频让幼儿进一步感知云朵的变化过程,包括颜色的变化以及形状大小的变化,这些变化丰富了幼儿的视觉印象和情感体验。

教师借助不同形状的云朵引导幼儿展开想象,先是展示最容易认出来的心形云朵(见图6-17),然后是人脸形云朵(见图6-18)、圣诞老人形状的云朵(见图6-19)、龙形云朵(见图6-20)。在这个过程中,教师引导幼儿由易到难、循序渐进地描述云朵外形轮廓是什么样的,又是如何辨别的,激发了幼儿丰富的想象力。通过视觉支持让幼儿在脑海中能够联想到事物之间的关联性,尤其是对图6-20,幼儿的讨论最为热闹,像海水涨潮、像龙须、像蛇等,幼儿通过视觉感知到的形象联想到现实世界中的事物,从而建立起一个个特定的感知图式。

借形想象与创造的环节是幼儿将感知到的图式再现的过程。图6-24中,有的幼儿觉得"像面包",有的幼儿觉得"像一条弯弯的小路"。在自由创作的环节中,如图6-27、图6-28、图6-29,幼儿借助白云的外形轮廓创作出的"小怪兽""小恐龙"就是幼儿再造想象结果的构绘。丰富多样的视觉支持使幼儿对云朵的认知更加深刻,做到视有所感、脑有所思、手有所致。

六、教师必须提高自身的"心灵阅读"能力

布鲁纳在《教育的文化:文化心理学》一书中指出,每位教师都有一套他自己关于"幼儿心灵是如何,以及如何教他们学习"的庶民观念,也许教师无法用言语说出那套教育观念,但当和孩子在一起的时候他们的所作所为是受到他们的庶民观念所驱使的。"庶民教育学里头反映着种种关于幼儿的假定:幼儿们是有意学习的,也渴望受到纠正;是天真无邪的,所以需避开粗俗的社会;需要透过反复练习来增长技能;是个空坛子,等着来填装成人所供给的知识;是

自我中心的,所以特别需要社会化。"①布鲁纳倡导教师应该具有"能够读懂意图和精神状态的持久能力——我们主体间的能力,或'心灵阅读的能力'"。②教师的"心灵阅读能力"与教师所拥有的"庶民理论"相关。传统的幼儿绘画评价中教师注重幼儿是否画得"满"或"色彩丰富",画面是否整洁等,教师在鼓励幼儿时常常运用的是"画得不错""你真棒""有进步"等笼统的、缺乏激励性的语言。幼儿的叙事绘画蕴涵了幼儿丰富的精神世界。教师应该树立科学的幼儿绘画观,将幼儿的叙事绘画与丰富的、有事件、有情境、有人物的故事紧密联系起来,通过这些平常而生动的故事了解幼儿生活世界。

倾听幼儿的叙述是提高教师"心灵阅读"能力的重要途径。倾听不仅是耐心、细心地听取,还是教师全身心接纳和理解幼儿的一种技术,教师在倾听过程中产生理解、思想、观点、判断和交流。真正的倾听不仅仅是用耳朵听,而是用"心"听,对幼儿叙述过程中的每一个声音所隐含的价值保持敏感,这些声音包括了叙述的内容以及叙述过程中幼儿的手势、神态、表情和体态语等间接的线索,以此来洞察幼儿叙事绘画的意义,理解他们内心的思想、感情和愿望,感知他们的情绪、情感和意义的构建。如图 3-27 的小作者多次在叙事绘画中描绘恐怖的太空世界,教师应该抓住时机及时化解幼儿对"2012 世界末日"的恐惧。幼儿小睿的叙事绘画则多次叙述自己与同伴打架及其被爸爸打的事件,表明了幼儿的某些攻击性行为倾向,也透露出该幼儿缺乏必要的与同伴沟通与交流的经验与技能,同时也表达了渴望被爸爸尊重的愿望。图 6-30 中幼儿表达了自己的伤感情绪,传统的做法可能是教师象征性地安慰一下幼儿:"没关系,妈妈会很快回来的",或者给予幼儿教育性的训导:"你要做个勇敢的孩子。"该案例中,教师采取了共情倾听的策略,也就是放下自己的参照标准,设身处地从幼儿的感受和体验出发,尊重幼儿真正的内心感觉,从而对幼儿的

---

① 常永才,杨小英:《叙事与教师的理论与实践:布鲁纳文化心理学的启示》,《湖南师范大学教育科学学报》,2005 年第 5 期。

② [美]杰罗姆·布鲁纳:《故事的形成:法律、文学、生活》,孙玫璐译,北京:教育科学出版社,2006 年版,第 13 页。

特殊需求给予关注和满足。幼儿在不同的阶段、不同的时刻,其生理需求、安全需求、社交需求、尊重需求等是不同的,教师在用心地倾听幼儿过程中可以体验并满足每个幼儿不同的需要。范梅南认为:"一位真正的老师知道如何去'看'孩子——注意一个害羞的表情,注意一种情绪的流露,注意一次期待的渴望。真正的'看'不仅仅是用眼睛……"①这里的"看"是一种全身心的倾听,能让每个孩子都体会到。这种倾听需要教师带着责任感,保持一种敏感性。

"妈妈什么时候回来?"

幼儿小雅从早上入园开始就情绪低落,游戏活动时小雅也是闷闷不乐,她来到绘画区角画画。绘画过程中抬头看了几次同伴,但没有与同伴说话。中午,老师整理活动材料时发现了小雅的画(见图6-30)。

老师:你画了些什么?

小雅:我妈妈今天坐车去上海了,不知道她什么时候回来。

老师:那我帮你打个电话问问好吗?

小雅:好。

于是,老师查了该家长的资料,打通了小雅妈妈的电话,还让小雅

图6-30

和妈妈讲了一会话。通完电话,小雅的情绪明显好起来。下午,老师又跟小雅个别交谈,给小雅更多的关心和爱护。

教师除了倾听幼儿的叙事,还可以通过自己的眼神、语言、语调、姿势、表情等自然地与幼儿互动,在与幼儿互动叙事中教师可以提高"心灵阅读"能力。互动可以是言语性的,也可以是非言语性的,目的在于传达自己的倾听态度,

① 转引自刘洁:《现象学教育学著作中的故事》,《教育研究》,2005年第2期。

鼓励叙述,同时也为了更好地理解。当幼儿得到鼓励的暗示,他们在叙事绘画中的表现更自由和大胆,能够尽情表达与创造,当把自己的绘画讲述给教师或同伴听的时候,他们的叙述更流畅,甚至充满想象。与幼儿的互动中尽量不做评价和判断,以幼儿的叙述为主。当幼儿叙述困难时,可以帮助幼儿回忆或与幼儿共同叙述。如果教师没有理解幼儿的叙述,可以针对幼儿的画面等提出恰当的问题,如"还有吗?""这个是什么?""你当时什么心情?""你有什么感觉?",尽量避免提问过多,并注意问题的开放性。

对幼儿的绘画进行描述和记录是理解幼儿绘画的有效手段,也是教师提高"心灵阅读"的又一个重要途径。通过观察,教师可以洞悉幼儿的美术发展水平,观察可以为教师评价幼儿的动态发展提供具体、详细的资料。以下四篇美术观察记录中详细描述并记录了幼儿的美术学习过程,并对幼儿的美术学习过程及其作品做出了分析和评价。

美术观察记录一①:

(一) 基本信息

幼儿 A:6 岁(大班下学期),男。

绘画工具和材料:黑色勾线笔、白纸、炫彩棒。

经验准备:幼儿 A 所在班级参观过家乡小镇的汤加巷,并欣赏过吴冠中的水墨画作品。

图 6-31 《我看到的汤家巷》

(二) 绘画过程

幼儿 A 取出黑色记号笔在白纸上作画。他先在白纸偏下方画出一条长弧线,在弧线上方左侧画出一幢两层楼的房子,旁边加上消防

---

① 该案例是在南通市崇川区唐闸公园幼儿园刘鑫阳撰写的观察记录基础上整理而成。

车。他在长弧线右上侧再次画出两道稍短弧线，并用黑色记号笔在两道短弧线内涂出两个相似的黑色图案，黑色图案上方是一个尖顶房子，房子左侧有乌龟和乌龟车相似图案，并可在整幅画面的中心位置依稀看出"一个人坐在池塘边钓鱼"场景。

接下来，A在长弧线内继续创作两个人物，抬头询问我："刘老师，我可以在画上画出不一样的那个吗？"我一开始没有完全理解他的意思，顺着他的话鼓励他："可以的。"他在消防车上利用线条、色块进行装饰，并再次询问我："刘老师，我想画一个太阳。"我答道："你在汤家巷能看到太阳吗？"他点头："有。""好，有（太阳）你就画（太阳）。"他在左上角画出扇形太阳。"汤家巷还有白云。"他抬头告诉我，并在太阳右侧画出4朵表情不一的云朵，云朵下方坠着许多黑色圆点和一些锯齿线。

A边画边说："谁逃了都能抓桶里。"旁边的女孩子听他讲述画面，我主动询问他正在装饰的是什么，他告诉我："大概有两个渔夫，钓到了两个小鱼儿，他们是老弟，他一边说话一边钓鱼。"我指指云朵下面的锯齿线问询他是什么。"是雨和雷！"他一边比画一边回答我。女孩子指着画面中心位置问他："那这是什么？""这是汉堡，这鱼把汉堡吞了，还剩下肉片。"

涂色时，A首先选择蓝色炫彩棒对消防车车厢进行装饰，再选用红色涂抹房顶，边涂边说："这屋顶着火了。"女孩子指着他的太阳提出质疑："下雨了，怎么还有太阳？""因为会出彩虹呀，只是现在还没有到出彩虹的时间。"用绿色涂完乌龟和乌龟状的车后，他和旁边的女孩子先后去上厕所。

回来后，A继续用蓝色涂抹，很投入，他拍拍我的手，比画着告诉我："刘老师，他们被水淹了还不知道。"我很惊讶："你为什么画两个人被淹了呢？""因为这两个人……他们两个是说……一不小心说多了就呜……呜……沉下去了。"我继续追问："那你消防车是用来救他们的吗？"他圈着红房顶，用笔敲敲画面："消防车是救这些人，是用来灭火的。"他选蓝色涂房子的墙面,喃喃自语:"他们差点就被烧了,他们是第一层。"他用棕色涂长弧线以下部分,嘴里一直发出"呜呜"的声音,一会儿,他举起笔和我说:"刘老师,我用着用着,(笔头)就斜了。""呜呜"声跟着他的涂抹持续进行。

"有时候……我们那个……就是……我们……过好了老家就可以出去玩了,刘老师。"他忽然抬头和我说道。看到他涂色覆盖住了人物,我问:"棕色的什么?""棕色的人是一个被石化的,这机器人被踩下去了……他躺在那儿好好的,被踩下去了。"我向他确认:"那你画的是汤家巷吗?""对,另一种汤家巷,这是以前的汤家巷。"

(三) 分析和评价

幼儿 A 围绕汤家巷这一主题,结合自己的参观经验进行绘画创作。如对救火、垂钓、雨天彩虹等特定场景发挥想象,作品内容丰富,形象生动。"基线感"明显,不局限在纸上某一地方,对上下、里外的认识很明显,可以看出一定的透视关系。

幼儿 A 在 25 分钟的创作过程中,能独立专注地完善作品,能按照自己的意愿作画,不受他人的干扰,中途上完厕所后,能继续主动专注作画。幼儿 A 创作过程中,能自发地通过具体和抽象的手法表达较为强烈的情绪色彩,主动呈现"快乐""悲伤""闲适"的感觉。幼儿 A 在创作过程中遇到困惑,主动向老师提问,征求老师的意见,如:"刘老师,我可以在画上画出不一样的那个吗?(不一样的汤家巷)"在得到老师的鼓励后,继续作画。

幼儿 A 似乎借鉴了国画写意手法,如:人物造型多以色块的形式为主,没有明显的五官,但能看出人物的动作。注重装饰,精心构造画面,使画面充满故事性、趣味性,充满韵律感。幼儿 A 使用炫彩棒时姿势正确、轻松,操作动作连贯流畅,一次完成动作。巧用锯齿线、半弧线等线条表现实物轮廓特征,用色块表现人物造型。使用炫彩棒涂色时方向较为混乱,常常不能涂色饱满,有时会涂到轮廓线的外围,设色相对单调,表明该幼儿涂色时耐心不够,但作画时情绪愉悦。

美术观察记录二^①:

图 6-32 《亚洲象》

(一)基本信息

尧尧:6 岁(大班上学期),男。

活动工具和材料:超轻黏土。

(二)泥工制作过程

尧尧拿来一盒蓝色的泥,将它分成五份,拿起其中的一份用手掌搓长,接着用拇指和食指将泥的一端捻得又细又长。尧尧拿来一份新泥,依旧用双手手掌搓成一个像短木桩的形状,然后将其贴在刚刚做好的那份泥上。尧尧左手拿着刚刚做好的泥,右手单手直接在桌上搓了几下另一份新泥,然后将其贴在"主体"上,剩余的两份新泥也如法炮制。

泥塑大致成形了,看得出有一个身子和四条腿,尧尧将它放在桌上。这次,他又用指尖抠了一点点新泥,接着用拇指和食指捻着,然后装到"身子"上,最后用手指捏出两片彩泥圆片,装在刚刚的地方的两侧。尧尧说:"我这次做的是一个亚洲象。"

尧尧认真注视着他的"亚洲象",双手不停地进行调整。尧尧说:

---

① 该案例是在南通市张謇第一小学附属幼儿园吴钟远撰写的观察记录基础上整理而成。

"下次让我教大家做吧!"我点点头。说着,尧尧又扯下来一块泥,一边旋转,一边用拇指、食指、中指进行捻和捏,做完后将它装到了象的长鼻子旁边。尧尧说:"太软了。"我问:"你是不是做了一颗象牙?"尧尧说:"对的,我还要再做一颗象牙! 成年大象的象牙是两根! 一根小的,一根长的!"

"我这还不太长。"尧尧边说边做第二根象牙,做完装到象鼻的另一侧。

"完成了!"尧尧双手托给我看,"这是一种非洲象!"

向我展示完毕后,他把大象泥塑放到了桌面上,把前腿和后退分别掰开说:"这是摔了一跤。"

"这是摔了一跤吗?"我问。

"只是它累了,休息一下。"尧尧说。

"它是不是趴下来在睡觉呀?"我问。

"是的,有时候大象会用它们的鼻子给自己洗澡,夏天的时候它们就会这样。"尧尧说。

"大象是趴下来睡觉的吗? 还是用其他的方式?"我追问。

"是趴下来睡觉的。"尧尧说。

"你怎么知道的?"我问。

"当然是看动物兄弟啦!"

"动画片吗?"

"对,大象的头比我们人类的头大好几倍。"

"可是,我怎么记得大象是躺着睡觉的? 是侧着的?"我说。

"不是,就是这样的。只要在非洲草原上的动物都是这样睡觉的。"尧尧大声说。

我质疑:"真的吗?"

尧尧肯定地说:"真的。长颈鹿不是这样。它是站着的。"

我问:"猫头鹰是站着睡觉的吗? 蝙蝠好像不是站着睡觉的,对吧?"

我说:"你昨天捏的也是大象。"

尧尧说:"昨天是小象,今天是大象。"

我说:"你最近捏的都是大象哎。是不是看了什么关于大象的书?"

尧尧:"是的,而且那里面的大象非常帅气,一个'人'打败了两头狮子,一个'人'用象牙戳破了它们的皮。"

我说:"哇哦,大象这么厉害呀!连狮子都怕它。"

(三) 分析和评价

区域活动时间,尧尧小朋友已经接连两天选择了美工区的泥工活动,他对泥工活动倾注了极大的热情,完全沉浸在创作过程之中,对泥工活动充满了兴趣。整个泥工活动持续了约 10 分钟,捏了一头"亚洲象"。这 10 分钟里,尧尧小朋友十分专注,不受外界干扰,并且在创作完成之后感觉良好,主动向老师展示自己的作品,还积极地介绍"这是亚洲象",接着兴致勃勃地与教师讨论"大象睡觉"等相关话题。

从泥工活动中可以看出,尧尧小朋友的手部小肌肉发展较好,手的动作协调灵活,能熟练地运用捏、捻、搓、压、推、拉等技能来塑造出自己想要的形状;操作动作连贯、迅速、准确,一次完成创作,作品质量好。

尧尧小朋友的独立性较强,自己决定活动的任务、主题,对于创作过程中出现的问题,如超轻泥做的象牙太软了不能定型的问题,能够积极动脑,独立解决问题。他有着较好的创造性,能够使用已学过的造型、式样、方法和技能进行造型,如能够用捏萝卜的方法做象牙,用做柱子的方法做大象的腿,用做面条的方法做尾巴······

总之,尧尧在这次泥工创作活动中能有顺序、有步骤地完成作品,体现了良好的顺序性;而且创作前先考虑好创作的主题和内容——"亚洲象",之后再围绕已想好的主题和内容进行创作。创作过程中操作熟练,且体现了良好的主动性、兴趣性、专注性、独立性与创造性。

美术观察记录三①：

图 6-33　《田田》

（一）基本信息

夕夕：6 岁（大班下学期），男。

绘画工具和材料：黑色勾线笔、白纸。

（二）绘画过程

夕夕首先用铅笔在画纸的中间部分写了一个数字"5"。写完后，她用记号笔将数字"5"加粗地描了一遍。然后，夕夕在画纸的下方，以一笔画的方式画出一朵花的轮廓线。她以一条竖线作为花的茎，画了一个圆形作为花心，并在花心上点上许多小点。有的点她很用力地点下去，有的点她只是轻轻地点下，再用笔向上一提，还有的点她会重复点上两次。接着，夕夕在每片花瓣上装饰了波浪线。

夕夕在画纸中间的数字"5"的右边，从上往下写下另一个数字"5"，并将两个数字"5"连起来，组合成一个空心的数字"5"。然后，夕夕对空心的数字"5"进行装饰。她从上往下，依次写下数字"1""2""3""4""5""6""7""8""9""10""11"。写完后，她抬头对我笑了笑，说道："写不下了。"她拿着记号笔，在画纸上犹豫地选择下笔的地方。在犹豫了 6 秒后，她选择在已装饰的数字"5"的右下方，以三条曲线流畅地组合成蝴

---

① 该案例是在南通市通师一附幼儿园许浒撰写的观察记录基础上整理而成。

蝶的轮廓线。同时,我注意到夕夕是以一笔画的方式勾勒蝴蝶轮廓的。接下来,夕夕在蝴蝶的左右两片翅膀上各画了一条短线,将两片翅膀分割成四片翅膀。紧接着,她分别在四片翅膀上画出若干个大小不一的圆形。夕夕继续对蝴蝶的翅膀进行装饰。她先以平涂法的方式对蝴蝶左上角的翅膀上圆形以外的部分涂上黑色。但是有部分黑色涂到了圆形里面。于是,她改变涂色的方式。她先紧贴着圆形的轮廓边界描一圈黑色,再进行大面积填涂。当然,在填涂的色块中仍存有若干个小缝隙没有填涂到位。接着,夕夕继续用这个方法填涂另外三片翅膀。她还在蝴蝶的中间部分画上了一个半圆形,在半圆里画了一条开口向上的弧线,作为蝴蝶的嘴巴,并在其上方画了两个小的圆形,涂上黑色,作为蝴蝶的眼睛。由此组合成一张笑脸的形象。

夕夕在画纸的左上方,流利地画出一张笑脸,用多个线条勾勒其四肢和身体,组合成一个高个子的人物形象。夕夕在人物的头顶画出多条曲线作为其头发。她还在人物的身体上画了两道短线和一条开口向下的弧线作为装饰。

夕夕在画纸的右上角画了一个圆形和十道线条,在圆形里画上两条开口向下的弧线和一个半圆形,并在半圆形里以波浪线的形式画出牙齿形象,组合成一个有着笑脸的太阳形象。在太阳的下方,夕夕画了一个较小的蝴蝶形象,其装饰比之前的蝴蝶要少,仅仅在翅膀上画了八个圆圈。接着,夕夕在画纸的左上角画出了两个方块,并在其中各画了一个十字。"田田。"夕夕对我说道。最后,她在已装饰的数字"5"的正上方画了一个方块和四条曲线。

(三) 分析和评价

夕夕作品中轮廓线开始出现,不再是单纯的多个几何图形拼凑在一起。她的作品形象能包含物体的主要特征。同时,作品中人物与物体(花朵、蝴蝶、小草)的比例与现实世界一致。作品中有表示天空的太阳形象和表示大地的小草形象,由此能看出明显的基线感,且各形象之间彼此相关,在画纸上融为一体。

　　整幅作品都是单色,没有颜色的变化。作品中几何图形、线条、色块和数字组合在一起,物体具有中等的变化程度。作品中大量地使用线条、形式。画面流畅、自由、奔放。

　　画面中的人物、蝴蝶和太阳形象带有笑容,整幅作品呈现出快乐的情绪色彩。夕夕能用线条表现出人物头发和牙齿的特定效果,并尝试用黑色色块与圆形图形搭配出蝴蝶翅膀上的纹样,作品呈现出一定的饱满感。注意装饰,她对蝴蝶、数字"5"和花朵仔细装饰,运用了波浪线、点排列、涂色、圆形排列、数字符号等装饰手法,画面呈现出一定的美感。

　　夕夕能集中注意力于绘画,长达八九分钟,表明夕夕具有专注的学习品质。夕夕作品中人物、蝴蝶、花朵、小草、数字"5"和太阳的形象都是呈展开式的排列。作品不局限于线条、色块和图形的构成,还运用到了数字符号。夕夕将太阳和蝴蝶画出嘴巴和眼睛,画出笑容的模样,呈现出拟人化的特点。夕夕在画纸最下方画上小草,在画纸右上角画上太阳,两者之间画上主体形象,整幅作品初步呈现出大班幼儿概念画画的特征。

　　美术观察记录四[①]:

图6-34　《冰激凌商店》

---

① 该案例是在南通市通师一附幼儿园许浒撰写的观察记录基础上整理而成。

（一）基本信息

然然：5岁（中班下学期），女。

作品介绍："我画的冰激凌有好多口味，有可乐味、咖啡味、蓝莓味和巧克力味道。我最喜欢巧克力味道的冰激凌。这个冰激凌商店叫作4712。这两个笑脸是我和我的妹妹，有一天我们一起去买了冰激凌，我们吃得好开心的。"

（二）绘画过程

然然先用记号笔在画纸的右上角写下"4712"四位数字。紧接着，然然在画纸的中间位置画了一根不笔直的横线（基底线）。然然边绘画边低声哼着歌曲《听我说谢谢你》。她在基底线的上方、画纸的最左边画出甜筒冰激凌的形象。她画出两条向下的、交叉于基底线的交叉线作为甜筒，在甜筒上面画出相互交叉的网格线，并在甜筒上方画了四条波浪线作为甜筒上面四层冰激凌的分界线。

然然在甜筒冰激凌的右边画了一个不同造型的冰激凌。她画了一个大正方形和一个小长方形。大正方形（棒冰）位于小长方形（棒冰的棒）的正上方。接着，然然在大正方形里面画上倾斜的横线和竖线，组成十字的造型，并在横线和竖线交叉出的四个空格中分别画上一个爱心。

然然在右边画了一个与第一个甜筒冰激凌造型相同的冰激凌。接着，然然在第一个甜筒冰激凌的左右两边用记号笔涂上黑色色块。然然还在第三个冰激凌上画出两颗爱心，并涂满黑色。她继续将第二个冰激凌上面的四颗爱心涂满黑色。她在涂黑色时是用平涂法的方式，因此有部分黑色线条涂到了轮廓线的外面。

然然继续对冰激凌进行装饰。她在第二个棒冰的棒上画了四条波浪线。接着，然然在波浪线之间的空格中间隔地涂上黑色。然然还在第一个冰激凌上画了很多条的竖线。完成这些装饰以后，然然画了一个与第二个棒冰造型相同的棒冰，它上面的装饰也和第二个棒冰类似。就这样,然然以甜筒冰激凌、棒冰的顺序依次画,只是越画越小。然然将基底线上面画满冰激凌后,她抬头指着这些冰激凌对我说:"这些黑色都是装饰的,更好看。"

然然在基底线下方作画。她在左下角画出了两个小的甜筒冰激凌。接着,她在右边依次画了两张女孩的笑脸。最后,然然在右下角画了一颗爱心和一颗五角星,并涂满黑色。

(三) 分析与评价

然然充分运用自己的冰激凌相关经验,描绘出想象中的冰激凌店的货架上摆放着的冰激凌以及自己与妹妹看到冰激凌后脸上的笑容。从作品的基本形式来看,然然倾向于将三角形和波浪线、小长方形和大正方形组合成冰激凌的样式。同时,能看到她画笔下的冰激凌自身的比例与现实一致。

在用色方面,然然的作品是单色调的,她只使用了黑色,作品颜色没有变化。在作品变化方面,然然能将点、线、图形和数字共同组合。同时,然然的作品中冰激凌的形象具有中等程度的变化。在动态方面,然然大量地使用各类线条和图形,画面流畅、自由、奔放。

然然能通过实际的具象手法如画面下方的两张笑脸表达她强烈喜悦的情绪色彩,画面呈现出"活泼""快乐"。以线条和色块的变化来表现冰激凌的装饰效果,其画面呈现出一定的饱满感。

她可以持续地集中于一个绘画项目较长时间,专心作画不同种类的冰激凌,并添加简单的装饰。然然在作画时将各类冰激凌一一摆开,像超市货架上的商品摆放,呈现出商品目录式构图,由此,我们能看出然然当前处于象征期的绘画发展阶段。

从以上四个观察记录案例可以看出,幼儿的美术创作过程是从某一艺术表现的构思到完成作品的过程,其中既有内部的心理活动,又有外部的行为表现,这两方面在实际活动中融为一体。教师可以记录幼儿在美术创作过程中的言语、表情、行为等方面的表现，并对这些记录下来的资料进行整理分析，做出解释。同时，评价者运用全面的幼儿美术教育理念，在评价过程中既要考虑到幼儿已经掌握的美术知识和技巧，也要考虑到幼儿已有的审美经验与生活经验，以及幼儿的美术学习态度和学习风格等。

记录幼儿创作过程及他们在过程中的对话，可以帮助教师、幼儿和家长重温幼儿的学习和历程，发现他们互相交往和学习、影响的轨迹和证据，了解幼儿在美术学习过程中建构美术知识经验与技能的特点。通过收集幼儿的作品、作品照片、他们关于作品的自述和相互评论，帮助教师分析和发现每个幼儿在表现技术、水平、风格等方面的特点，看到幼儿在活动中取得的进步，思索每个幼儿可能需要的特殊帮助，寻找进一步提高的空间；也帮助家长进一步了解幼儿的作品及背后的想法和建构的意义世界，进而促成家长对孩子当前和今后进行美术创作活动的理解和支持。另外，还可以通过对教师教学过程的记录和分析，帮助教师对教学过程进行回顾和反思，发现存在问题，寻找解决方案，以促进教师的专业成长。①

除了记录幼儿绘画的过程，依据幼儿绘画过程的全部信息来评价幼儿的美术学习和作品之外，也可以依据幼儿的作品和幼儿的讲述来对幼儿的绘画作品进行分析和解读。以下是两位教师从作品描述和作品分析两方面撰写的绘画作品分析案例。

绘画作品分析案例一②：

（一）基本信息

幼儿作品：见图3—8。

作者年龄：5岁，男。

绘画材料：黑色记号笔、彩色蜡笔。

---

① 边霞等：《支架儿童的美术学习——以"想象的风景——与自然合作"活动为例》，《教育研究与实验》，2008年第6期。

② 该案例是在南通市通州区金桥幼儿园胡煜撰写的作品分析基础上整理而成。

作者讲述:"有一天,我看爸爸打游戏,游戏里有剑灵打坏人打怪兽。妈妈躺在床上玩手机。"

(二) 作品描述

该幅作品中,一条较为平滑的地平线和垂直的墙壁线(电脑桌的侧边线)相交,向我们展示了家的一角所发生的故事。

小作者分别用三个圆圈画出了爸爸、"我"和妈妈的头。椭圆形的躯干直接从头下长出,四条从躯干上长出的单线分别代表胳膊和腿,手指用五根树杈状线条代替,脚则是两个圆圈。爸爸和"我"的眼睛都是两个小黑点,鼻子是"L"形,嘴巴是开口向上的弧形"微笑嘴"。有所区别的是,爸爸和"我"画在纸的中央,妈妈在画面的左侧偏下,大小只有爸爸的五分之一左右。爸爸的手臂很长,一直伸到电脑键盘上,五根手指也朝着不同方向。他坐在椅子上,膝盖弯曲的角度和椅子一样。他的衣服是黑色的,圆圈脚是橙色的。"我"就站在爸爸旁边,右手靠着爸爸的脸,左手自然下垂位于电脑桌上方。"我"的衣服和脚都是蓝色的,衣服上还有五个黑色圆圈。妈妈的脑袋上画了两根"触角状"的线条代表头发,她的躯干倾斜角度较大,是躺在椅子上的。她的两个手都朝着右边捧着一本书。她穿着粉色的衣服,圆圈脚是大红色。

除此之外,画面上还以左视图(剖面图)的视角从左至右依次向我们呈现了妈妈躺着的沙发,爸爸坐着的椅子,电脑桌、电脑、墙面上的层板以及上面摆放的绿植。肉色的方形和左边线上竖直的单线分别代表沙发的坐垫和靠背。一条黑色竖线和折角约为90°的折角线代表爸爸坐着的椅子。一个土黄色的倒梯形(类似于直角梯形)代表电脑桌,上面的电脑也是90°的折角线,在电脑的旁边用两条线和一些点代表鼠标。墙壁的竖线从梯形的直角腰上伸出,从墙壁线上延伸出的一短一长两条横线是层板(墙面置物架),上面放着六个锯齿状的绿色植物和一个方形植物。

在画面的左上方,我们还可以看到一个"田"字型窗户,窗户的右下边沿着爸爸的头顶上方弧线式划过,右下角碰在了"我"的脑袋上,因此较左半边的窗户来说,右半边的窗户窄而弯曲。窗户外面一高一矮两个方形似乎是路灯柱。左边高瘦的路灯柱上有六个黄色圆形灯从上到下竖直排列,右边矮宽的路灯柱上只有三个黄色圆形灯。

(三)分析评价

从造型上来看,小作者笔下的一家三口正慢慢摆脱"蝌蚪人"的特征,人物形象开始清晰可辨。他虽然用一根线条表示四肢,用简单的椭圆形表示躯干,并没有脖子和肩膀。但此时,绘画有了更多细节,比如,用树杈状的短线表示手指,用圆圈装饰自己的服装。而妈妈的头发也特地用了两根弧线表现出与爸爸的不同,体现了作者的性别意识。小作者笔下的人物造型虽然简单却充满动感,他通过对躯干和四肢线条的把握,十分生动地描绘出爸爸的坐姿、"我"的站姿、妈妈的躺姿,可见这件事在他心中留下了深刻的印象。

另外,小作者用几何图形和线条的组合,画出沙发、椅子、电脑桌等家具的剖面图,其造型虽粗略且不完全,但却反映了作者对空间的理解能力。整幅画的线条多变而流畅。水平线(地面线)和垂直线(墙壁线)相交,营造出家的一角。小作者游戏式地使用线、形和形式,使得所作画面显得流畅、自由、奔放,却又不失平衡与和谐。

小作者对于颜色的选择简单却又充满自己的想法。绿植、电脑桌、路灯的涂色大多具有写实的特征。他用绿色和黑色涂爸爸和自己的服装,而用粉色红色涂妈妈的服装,通过色彩的差别表达自己对于性别角色初步的感知。

从构图上看,小作者采用"并列式"构图方式,沿着一条地平线(基底线)安排了一系列的物体形象,并参照这条线画出了物体的相对大小。爸爸和"我"的形象大小较妈妈来说要大很多,制造出了前景("我"看爸爸打游戏)和后景(妈妈躺在沙发上看书)的反差,反映了他对于空间"近大远小"的初步感受。不仅如此,画面上小作者对于各种形象的位置安排有疏有密,右半部分的爸爸和"我"、左半部分的妈妈和窗户。值得一提的是,小作者将窗子的线条从路灯中直直穿过,让窗户与路灯充满联系的同时又有了空间上的里外之分。但他还不能很好地理解人物和窗子的前后与遮挡关系,因此出现了"弯弯的窗子"绕过爸爸的脑袋这一有趣画面。

整幅作品生动地向我们展示了"我"看爸爸打游戏这一情节,小作者夸张式地拉长爸爸手臂的线条,让观者甚至能够感受到爸爸打游戏时亢奋高涨的情绪,反映了他对生活丰富而细腻的经验与观察,极富张力与创造性的表现,不禁把我们带入了当时的场景。

绘画作品分析案例二①:

(一)基本信息

绘画作品:见图6-35。

作者:6岁,女。

绘画作品:黑色记号笔、水彩笔。

作者讲述:"我画的是美人鱼的故事。"

图6-35

(二)作品描述

作品中一轮太阳照在海面上,蓝色大海里有三条美人鱼正浮在

---

① 该案例是在南通市通师一附幼儿园顾洁撰写的作品分析基础上整理而成。

海面上,一条美人鱼潜在海水里,画面右上角有四分之一个太阳,以不规则的弧形作为光芒绽放着光彩。远处有两块大小、高矮不同的墨绿色礁石,近处有长短不一的八条墨绿色水草。

四条美人鱼从左至右,错落排列在画面中,左边第一条美人鱼身体呈倾斜状,第二、三条美人鱼呈垂直状,第四条美人鱼尾部微微向右上弯曲。第一、三条美人鱼双马尾发型相似但颜色不同(一红一黄),左边第二条美人鱼与另外几条造型不同,它的头偏向一侧,头戴皇冠、珍珠发卡、发尾绑着蝴蝶结,穿着泡泡袖上衣和轻纱裙摆。

从美人鱼造型的细节可以看出第二条是人鱼公主,她的三位随从围在她身旁。美人鱼们的脸上都挂着蓝色泪滴,而且侧着头望向画面左侧,似乎是在目送远方的伙伴。

(三) 作品分析与评价

从作品的构图来看,整幅作品呈现罗列式构图,四条美人鱼均匀、错落布局在画面中央。画面中间的波浪线让海水与天空分隔,具有一定基线感,不仅让整幅画面有了稳定感,同时波浪线的使用又让画面有了动态感。

小作者了解并能巧妙运用画面的遮挡关系,比如远方的礁石只露出上半部分,下半部分被海水遮挡。大小不一的美人鱼有体现出近大远小的构图关系。长短不一的水草、高矮不同的礁石、有近有远的美人鱼,使作品丰满且完整,具有饱满感。

从作品中的造型来看,四条美人鱼的形态相似,头身、四肢、尾部都有恰当的比例,反映出小作者处于图式期阶段;爱心鱼尾的左右对称,反映出小作者对对称概念的把握,以及对鱼有基本的科学认知。

从作品的色彩来看,火红的太阳"热烈奔放",深蓝色的水面、墨绿色的礁石和水草"冷静沉稳",小作者的涂色带有写实意味。红与蓝绿的对比,蓝绿色的协调,让画面色彩浓郁、生动和谐。美人鱼鱼身的粉、红、黄的搭配使用,绚丽多彩,让画面丰富而有意味。鱼鳍的渐变色、发型的红黄选用,体现小作者对不同颜色的敏感性。小作者用蓝色水彩笔顺着一定方向为大海涂色,但部分块面涂色方向有所改变,产生了一定的肌理感与晕染感。

　　从作品中的线条来看,作者十分注意装饰性的纹样或图案,如美人鱼们的鱼身由均匀的波浪线装饰,鱼尾呈爱心状,其中第2条鱼尾内部是放射状线条,第3、4条人鱼的鱼尾内部是波浪线并且胸前由多层爱心装饰,小作者能有意、巧妙使用不同线条,体现出一定的设计感与美感。

　　从作品的创意来看,《美人鱼》的故事深受幼儿喜爱,小作者能依据已有经验进行艺术创作,并且在原有故事的基础上,创设新版流泪的美人鱼形象,好像美人鱼们发生了新的故事,侧面反映小作者的创造力、想象力。

　　从作品传达的情感来看,小作者在整幅作品中大胆运用相近色、对比色,体现作者作画时的大胆和自由。画面中人物的泪水是本幅作品最吸引人、最引人遐想的地方,传递给欣赏者一种"悲伤""不舍"的情感。

　　"我们正是通过学会描述事物,而学会了理解。"[1]把幼儿的绘画与幼儿的叙述如实记录下来,就是描述。这个过程呈现教师的所见、所听,虽然是如实呈现,但依然充满着理解和创造。描述是现象学所发明的回到事物本身、从事物本身出发来理解事物的基本方法论。美国卡尼尔在她创办"展望学校"实践并总结出了"描述性评论"的教育理论和方法。所谓"幼儿描述性评论"就是"通过对幼儿及幼儿作品的持续观察、描述、评论,以找出每一个幼儿作为人、学习者和思考者的优势所在并使之具体化,以便我们学校能够顺应并加强孩

---

① [美]帕特丽夏 F.卡利尼等:《从另一个视角看:幼儿的力量和学校标准——"展望中心"之幼儿叙事评论》,仲建维译,北京:高等教育出版社,2005年版,第1页。

子的这些特质。"①卡尼尔提出了幼儿"描述性评论"的框架：(1)仪态和姿势；(2)性格和气质；(3)与他人的关系；(4)强烈兴趣和爱好；(5)思维方式和学习方式。② 这五个方面可以随着幼儿的不同和情境的不同随时进行调整和有所侧重。卡尼尔将幼儿作品的描述性研究作为幼儿"描述性评论"的重要途径,她认为,研究幼儿作品的过程就是研究幼儿的心灵本身。"幼儿描述性评论"可以由教师或其他成人独自进行,也可以由教师小组合作进行。在小组合作中大家首先共同倾听、欣赏一个幼儿的故事,然后每一个人从不同角度来理解、评论幼儿,并提出帮助幼儿发展的建议。卡尼尔曾经带领一个教师小组对一个叫米克的5岁男孩的一幅画进行了一小时左右的"描述性研究"。卡尼尔对这次描述做出了如下评论："通过简单的关注和欣赏行为,这幅画顿然涌现出生命,作者也一同出现。这确实丰富,然而却远不止这些。这幅画如此独特,是这个幼儿的如此特殊的作品,而非其他幼儿所想、所做。当给予它完整的关注的时候,发现这幅画给予独特的事物特有的魔力,而且,它超越了自身,开辟了广阔的空间。"③

幼儿的绘画与每个幼儿的故事相关,具有独特性和复杂性。借鉴"幼儿描述性评论"的理念与方法,重视幼儿叙事的价值与力量,关注幼儿的差异性、多样性。图6-36的小作者是一位6岁的男孩,"这是我外婆家旁边的北濠桥,桥上面有个人卖烧饼,我妈妈每次都会给我买烧饼吃。那儿的烧饼很香很香。"幼儿将桥侧的装饰灯、桥的栏杆等做了仔细的描画,用黑色圆圈表示烧饼。画面虽然没有人物形象,但是画面依然显得热闹。研究者与该幼儿所在班级教师尝试进行了约一小时的"描述性研究",结合该作品从该幼儿的性格和气质、兴趣爱好、同伴关系等对幼儿的整体发展进行描述与分析。研究表明,该幼儿平时在幼儿园很少与同伴交往,总是一个人玩,喜欢画画,但是他的

---

① 张华:《走向"倾听"教育学》,《全球教育展望》,2010年第10期。

② [美]帕特丽夏F.卡利尼等:《从另一个视角看:幼儿的力量和学校标准——"展望中心"之幼儿叙事评论》,仲建维译,北京:高等教育出版社,2005年版,第13—14页。

③ 张华:《教学即描述——卡尼尔教学思想管窥》,《全球教育展望》,2008年第5期。

作品中几乎没有人物形象,喜欢画汽车、电线杆、下水道等。该幼儿的母亲也反映他平时在家也是专注于独自画画等活动,不主动与父母或同伴交往。描述性研究结果成为该幼儿的成长档案内容,为该幼儿的发展与教育提供了重要的依据。"它意味着当教师采取行动时,他们的行动将更有根基、更有把握以及能被更好地理解。"①教师也正是在倾听、记录、讲述幼儿的作品及故事过程中理解幼儿,帮助幼儿发展。

图 6 - 36

---

① [美]帕特丽夏 F.卡利尼等:《从另一个视角看:幼儿的力量和学校标准——"展望中心"之幼儿叙事评论》,仲建维译,北京:高等教育出版社,2005 年版,第 196 页。

第七章

课程故事中的幼儿美术故事

一、幼儿园课程故事里的"美术故事"

近年来,幼儿园开展园本化的课程实践获得强有力的政策支持和专业引领,在实践中涌现出大量幼儿园课程故事。关于课程故事,李云淑认为,课程故事是"经验叙事",是当事人在课程之旅——包括参与课程设计与开发、课程实施、课程评价与课程研究的过程中所经历的真实往事、感受或体验,这种往事对当事人来说是有深刻印象的、比较重要或有个人意义的、值得与人分享或向人诉说的。[①] 王凯认为,课程故事是教师的教学生活方式与历程,在这一过程中,教师以叙事的方式看待教学问题,践行自己的课程理想,促成自身教学经验的生长。[②] 舒婷婷、王春燕认为,幼儿园课程故事是幼儿园教师通过回忆、整理、归纳、筛选幼儿园课程实施中真实发生的有意义的课程事件,通过叙述表达一定的主题及反思而形成的故事[③],并且强调课程故事具有真实性、反思性和故事性这三个基本特征。

幼儿园课程故事在开展的初期最直接的表现形式就是幼儿教师以讲故事

[①] 李云淑:《幼儿园教育活动设计与实施》,杭州:浙江大学出版社,2014年版,第40页。
[②] 王凯:《课程故事刍议》,《课程·教材·教法》,2004年第4期。
[③] 舒婷婷,王春燕:《幼儿园课程故事审思:内涵、问题与对策》,《早期教育(教育科研)》,2020年第4期。

160

的形式记录自己在教育实践中发生的真实、鲜活和发人深省的课程事件,表述自己在实践过程中的亲身经历、内心体验和对课程的理解感悟,有利于提高教师解读自身教育实践和解读幼儿行为的能力。但幼儿园课程故事的价值远不止于此,在当代,幼儿园课程故事以材料的纪实性、语言的经验性、情节的探究性、研究的合作性,呈现了多元的教育实践价值,它扎根于课程现实,能引导课程与教学特别是活动课程的生成与完善,帮助儿童的学习与成长,促进教师态度与行为的改变,重建理论与实践的统一。[1]

课程故事会深描各种课程事件,这些看似纷繁的课程事件不是相互割裂的,而是彼此联系的。它们之间是一环扣着一环,并由课程主题和主线串成一个完整课程故事链条,[2]这背后隐含着的是儿童完整连续经验的获得。杜威认为,当我们所经验到的物质走完其历程而达到完满时,就形成了“一个经验”。“一个经验”是一个完整的过程,是个体一次完整的生活经历。课程故事中的大量美术活动体现了走进幼儿叙事的美术教育基本理念和立场,课程故事中的美术活动不再是孤立的美术活动,而是一系列经验的生成与表达,在这个过程中美术活动逐渐从分裂化、技能化和功利化走向生活化、和谐化和艺术化。

(一) 课程故事:“我的球操我做主”[3]

1. 课程故事背景

早操是幼儿一日生活中的重要环节,早操内容、编排一般由教师确定。新学期大班教师们针对大班幼儿年龄特点,认为早操中的动作设计、队形排列、器械选择等可以放手让孩子参与规划设计。大班年级组老师们与幼儿围绕“想做什么样的早操”“拿什么器械”等展开了讨论。孩子们立马炸开了锅,展开激烈的讨论。孩子们提出了诸如“绳操”“铃铛操”“球操”等各种想法。到底

---

[1] 李云淑,吴刚平:《课程故事的当代特征与实践价值》,《基础教育》,2015 年第 12 期。
[2] 李云淑,吴刚平:《课程故事的当代特征与实践价值》,《基础教育》,2015 年第 12 期。
[3] 本案例是在江苏省如东县栟茶幼儿园康海燕、张银萍老师开展的课程故事基础上整理而成。

选什么器械呢? 老师们在大班幼儿中展开了调查和统计,结果显示想做球操的孩子最多。

2. 相关美术故事

幼儿美术故事一:"我想做什么操"

面对幼儿选择做球操的建议,大班教师开始思考:"孩子们中班做的也是球操,如果依然和以前一模一样,孩子如何获得新经验呢?"教师此时并没有急着否定幼儿的建议,而是向幼儿抛出了另一个问题:"中班我们做的是球操,现在上大班了,我们还做一样的球操吗?"一位孩子说:"我们可以做不一样的球操,可以比以前更复杂、更好玩一点。"教师立刻抓住了这个想法,问孩子们:"什么样的球操更复杂、更好玩呢?"孩子们激动地说道:"两只手轮流拍球、坐着拍球、和他人交换拍球……"孩子们还是有很多不同的想法,为了让孩子们了解更多的拍球方法,教师决定给孩子们提供一些支持。除了请幼儿示范不同的拍球方法之外,教师们在网上找了许多有趣的球操视频和孩子们一起观看,孩子们从视频中自主学到了更多的花样拍球方法,最后结合孩子们自己的想法开始逐步练习,为新的球操的开展打下基础。

图 7 - 1

图 7 - 2

图 7 - 1:"我想用彩色的丝带做操。"

图 7 - 2:"我想做绳操。"

图 7-3

图 7-4

图 7-3："我想用花环做操。"

图 7-4："我想做铃铛操。"

图 7-5

图 7-6

图 7-5："我想用小棒做操。"

图 7-6："我想做棍子操。"

图 7-7

图 7-8

图 7-7:"我想做球操。"

图 7-8:"我想用球来做操。"

幼儿美术故事二:"花样拍球花样多"

鼓励幼儿将户外花样拍球的练习情况、遇到的问题、新的经验记录下来。教师先组织孩子们在户外自主练习花样拍球,让孩子们感受不同的拍球方法会带来怎样的感受。从户外花样拍球回到活动室之后,孩子们会主动把练习的情况、遇到的问题记录下来,贴到主题墙上。

第一天:这似乎是状况最多的一天,孩子们由于不太熟悉新的拍球方法,在练习时遇到了各种各样的问题,孩子们说:"老师我和多多的球总是撞在一起","我练习两手轮流拍球时,球老是要滚掉","老师,我转身接球时看不见球,球一直掉"……

图 7-9

图 7-10

图 7-9:"我用两只手轮流拍球时球会一直滚掉,球老是带着我跑。"

图 7-10:"我和甜甜一起拍球,我们的球撞在一起了。"

第二天:虽然还存在着一些问题,但是经过孩子们的努力,部分孩子已经开始有了新的收获,孩子们说:"我跪着拍球时,球总是滚,还有点低","老师我会两手轮流拍球啦","老师,你看! 我会边走边拍球,可是走的时候总是和陆欣妍的球打架"……

图 7 - 11

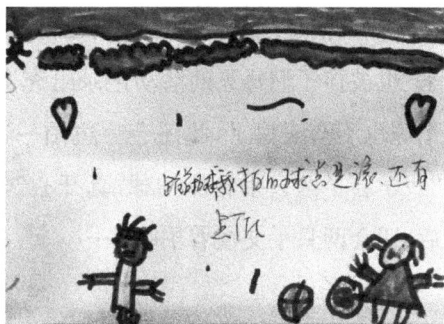

图 7 - 12

图 7 - 11："我们练习边走边拍球时,我和陆欣妍的球总是打架。"

图 7 - 12："跪着拍球时我的球总是滚,还拍得有点低。"

第三天:大部分孩子已经学会了多种拍球方法,并且又开发了新的方法,孩子们说:"我今天练习的跨着拍球,终于能拍几个啦","花样拍球很累哦","我会晃着膝盖拍球"……

图 7 - 13

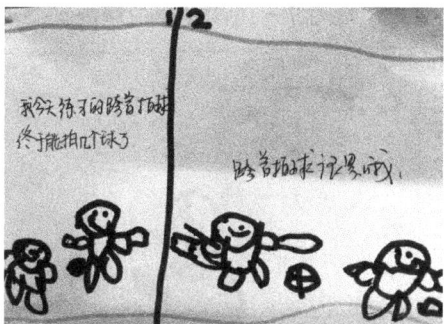

图 7 - 14

图 7 - 13："我会晃着膝盖拍球啦。"

图 7 - 14："我今天练习的跨着拍球,我终于能拍几个啦,但是跨

着拍球好累哦!"

孩子们继续用绘画记录自己的拍球新本领,主题墙第二板块"球儿练起来"也被孩子们每天的活动记录给充实了起来。孩子们说:"我会拍好多好多个球也不会滚掉了,我还会一边拍一边数数呢","我会一蹲一站地拍球了","我学会了两只手轮流拍球,真开心","我在拍球,一只手拍球一只手放在背后,还会两只手交换着拍呢"……

图 7 - 15

图 7 - 16

图 7 - 15:"我会拍好多好多个球也不会滚掉了,我还会一边拍一边数数呢。"

图 7 - 16:"我会一蹲一站地拍球了。"

图 7 - 17

图 7 - 18

图 7 - 17:"我学会了两只手轮流拍球,真开心!"

图7-18:"我在拍球,一只手拍球一只手放在背后,还会两只手交换着拍呢。"

两周之后,经过统计发现幼儿已经学会了十多种不同的拍球方法。14 名幼儿会用脚跨着拍球,29 名幼儿会转身接球,36 名幼儿会单脚跪着拍球。练习的过程中,幼儿内心除了充满成就感,同时也发现了很多问题,如:

图 7-19

图 7-20

图7-19:"杜轶涵拍球时总是在说话,他的球老是在滚来滚去,我的球都被他撞了。"

图7-20:"我在拍球时,旁边有小朋友把球踢走了怎么办?"

图 7-21

图 7-22

图7-21:"我们要多练习才能学会很多拍球的方法。"

图7-22:"练习时我们要专心拍球,不乱讲话。"

围绕以上这些问题,教师组织幼儿集体谈话,幼儿讨论反思发现:"我们要多练习才能学会很多拍球的方法","练习时我们要专心拍球,不发呆,不乱讲话","练习的时候要遵守规则、认真专注"。原来做每一件事都不是那么简单的,需要付出努力才会有收获。

幼儿美术故事三:"早操队形我设计"

杨姜锐小朋友说:"老师,我们已经会了这么多拍球的方法,接下来是不是就要排队做操啦?"这下可开启了大家的话匣子,有的说:"我们一起来想想怎么排队吧。"有的说:"我们排个大大的圆形吧。"好吧,既然说到队形,我们何不让孩子自己去设计呢? 孩子们带着自己的想法,开始设计早操队形。

(1) 幼儿设计的队形

孩子们将自己想的队形画了下来,有圆形、长方形、三角形,蹲着、站着,孩子们说:"我设计的队形先是三排长方形的样子,然后变成圆形,再变成正方形","我设计的队形是一个大大的长方形,老师站在中间","我设计的是一个圆形,我们在圆形上一边转圈一边拍球","我设计的是排成一排,轮流蹲站拍球"……孩子们带来的惊喜真不少! 既然大家兴趣正浓,那我们就话不多说,到操场上去练一练吧。

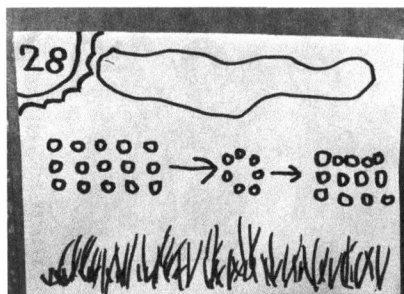 

图 7－23   图 7－24

图 7－23:"我设计的队形先是三排长方形的样子,然后变成圆形,再变成正方形。"

图7-24:"我设计的队形是一个大大的长方形,老师站在中间。"

图7-25　　　　　　　　　　　　　　图7-26

图7-25:"我设计的是一个圆形,我们在圆形上一边转圈一边拍球。"

图7-26:"我设计的是排成一排,轮流蹲站拍球。"

(2) 排练队形过程中面临的问题

排练队形的过程孩子们发现了一个问题,几个小朋友跑过来说:"老师,我们在楼上做操,不好玩投篮的游戏了,我们可以轮流到大操场做操吗?"这个问题和老师的想法不谋而合,大操场只能容纳三个班做操,五个班怎么轮流? 这个问题孩子们会怎么解决呢? 做计划是解决问题最简单便捷的方法,我给孩子提供了大操场球操轮流表。孩子们的计划新鲜出炉了,每个人的想法都不一样,谁的计划最合理呢? 数学游戏"找规律"让孩子们很快选出了最合理的计划。

在球操练习的过程中孩子们还发现:"一起拍球的时候,我总是不知道什么时候变队形。""排成圆圈时我发现很多时候转身拍球转不起来。""投篮时总是投不准,真着急!""投篮时球总是掉到我的头上,头都被打晕了!"孩子们把问题画出来,和小伙伴们一起商量。在经过仔细的商量之后,孩子们终于找到了解决问题的办法:要学会合作,跟着别人一起转就能找准方向转起来;要听懂球操音乐的节奏才能记住什么时候变队形。

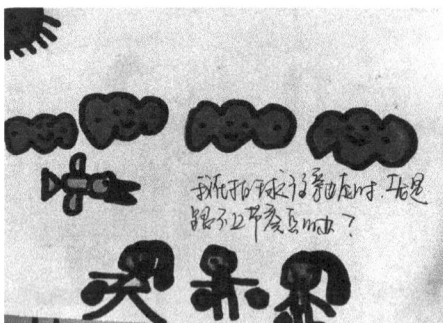

图 7-27

图 7-28

图 7-27:"我在拍球往旁边走时,老是跟不上节奏怎么办?"

图 7-28:"我转身拍球时总是看不到球在背后的哪儿,怎么办呢?"

图 7-29

图 7-30

图 7-29:"排队时前面的小朋友总是不站在自己的位置上,队伍都歪了。"

图 7-30:"投篮时球总是掉到我的头上,头都被打晕了!"

图 7-31

图 7-32

图 7-31："我们合作拍球时要快慢一样,听着节奏才能转起来。"

图 7-32："我们要听节奏一起拍球才能更整齐。"

幼儿美术故事四:"投篮大挑战"

投篮是球操里难度最高的一个环节,幼儿用绘画记录了挑战投篮技术的过程。许多孩子反映自己不会投篮,这个问题该如何解决呢? 对于不会投篮这个问题,乐乐小朋友说:"还是请个篮球教练吧。"请谁呢?"请小班的王老师吧,我在栟茶广场上看到过王老师投篮,好厉害!"乐乐说。于是孩子们制作了邀请函,一起去邀请王老师。王老师应邀来到我们大二班带孩子们看了篮球比赛的视频,给孩子详细讲解投篮的技巧,孩子们迫不及待地来到操场跟着王教练操练起来。

为了及时记录和激励孩子们练习投篮,我们生成了"灌篮小高手"的主题板块。每天练习时投进了多少个球,自己及时记录下来。经过练习,孩子们发现了许多投篮的小技巧,孩子们说:"离篮球筐太近,就很难投进,因为看不见球筐了","要保持一定的距离,才更容易成功","蹲下一点点,再跳起来用点力气就容易投进去了","别人投篮时不能站在篮球架下面,注意安全","投篮时要依次排队才不会被球打到头"……

图 7 - 33   图 7 - 34

　　图 7 - 33："我发现我们在投篮时离篮球架太靠近就不好投篮,球会滚掉,因为我们看不见篮球筐。"

　　图 7 - 34："我们投篮时要站在线的后面才能更容易成功。"

图 7 - 35   图 7 - 36

　　图 7 - 35："蹲下一点点,再跳起来用点力气就容易投进去了。"

　　图 7 - 36："我用点力气把球对准球筐扔进去就成功啦!"

幼儿美术故事五:"快乐球操方法多"

　　球操带给幼儿愉悦,也带来了快乐的问题,在反思问题、解决问题中体验早操的快乐。

　　孩子们发现有的球拍起来很高,有的球拍不高。对于这个问题,教师和孩子们进行了一系列的探讨,带孩子在不同材质的场地(水泥场、草地、橡塑操场)上拍球,准备的球有的气足一些、鼓一些,有的气少一些、瘪一些。最终孩子们发现了"球的秘密"。孩子们说:"拍球时我发现球拍不高是因为皮球没气了,跳不起来,我觉得做操时我们的球拍起来不一样高矮是因为我们的球大小不一样,如果球的大小一样,拍起来才能整齐。"原来,球拍得高低跟篮球的气压、地面的硬度和材质、反弹力等都有关系。

　　在练习过程中,孩子还发现做球操时,即使一开始拍得一样高,但还是很不整齐,孩子们说:"做操时我们要遵守规则,不能蹲在地上玩","我们大家在做操转圆圈时要认真,不能玩,不然就要乱了","三个人拍球时,我们用大小一样的球用力拍,就不会越来越矮了,还能拍得一样高","拍球时要一边听音乐一边拍球,才能和好朋友合作拍好球"……他们知道做好球操必须遵守规则、加强练习、寻找方法、认真专注、听懂节奏、学会合作。

图 7 - 37　　　　　　　　　　　　图 7 - 38

　　图 7 - 37:"拍球时我发现球拍不高是因为皮球没气了,跳不起来。"

　　图 7 - 38:"我的皮球没气了,我和点点在帮皮球打气。"

图 7 - 39

图 7 - 40

图 7 - 39:"我觉得做操时我们的球拍起来不一样高矮是因为我们的球大小不一样,如果球的大小一样,拍起来才能整齐。"

图 7 - 40:"为什么有的球拍得高,有的球拍得矮呢?"

图 7 - 41

图 7 - 42

图 7 - 41:"做操时我们要遵守规则,不能蹲在地上玩。"

图 7 - 42:"要多多练习才会很多拍球的方法。"

图 7-43

图 7-44

图 7-43："我们大家在做操转圆圈时要认真,不能玩,不然就要乱了。"

图 7-44："三个人拍球时,我们用大小一样的球用力拍,就不会越来越矮了,还能拍得一样高。"

图 7-45

图 7-46

图 7-45："和好朋友用一样的球,拍起来才好看整齐。"

图 7-46："拍球时要一边听音乐一边拍球,才能和好朋友合作拍好球。"

图 7-47   图 7-48

图 7-47:"做操交换位置的时候,要用眼睛看,要从两个小朋友中间跑,才不会撞在一起。"

图 7-48:"要用一样的力气,皮球才能拍得很整齐。"

图 7-49

图 7-49:"练习拍球是一件很辛苦的事,我流了很多的汗。可是当小伙伴们都说我拍球拍得很好的时候,我是很开心的,我的心里藏着一个大大的笑脸!"

（二）课程故事："走在巷子里"①

1.课程故事背景

"走在巷子里"是由幼儿园周围环境资源引发的大班课程故事。幼儿园位于历史悠久、文化浓郁的古城巷子里。这片古巷里，有宋元街巷，有明清院落，每个角落都散发着古色古香的气息。幼儿与老师共同行走在巷子里，逐渐对不同于城市高楼大厦的巷子产生了兴趣。

"走在巷子里"课程中，幼儿在老师的带领下带着古巷地图走进巷子里，认识巷子名称，设计巷子游览线路，测量"一人巷"；参观城市博物馆，了解巷子的历史，制作微型巷子模拟地图，再现老城韵味；和巷子里的爷爷奶奶学说地方话，共度重阳节，关心温暖爷爷奶奶们的生活。丰富的课程活动激发了幼儿的探究，引发了幼儿的游戏和学习。

2.相关美术故事

幼儿美术故事一：写生画"古代的房子"

孩子们走在巷子里，随手摸在墙壁上，小手被沾上白色的石灰。"老师，这些老房子为什么都是白色的？""是啊，房顶还都是黑色的！"孩子们无意中的发现引发了对巷子里建筑的观察，他们发现了朴素的黑瓦白墙、简约的门当、精致的瓦当、古朴的甬道、古韵的飞檐翘壁，许多院内还植树栽花、饲鸟养鱼、叠石造景，美得精致。于是幼儿带着画板，观察巷子里的古代建筑，感受青瓦白墙的建筑特色，如图 7-50 展示了幼儿用画笔描绘自己眼中的古代房子。

幼儿美术故事二：美术欣赏《人之家》

在写生画之后，要进一步领会古代建筑的神韵，还离不开艺术欣赏。老师向孩子们介绍了中国国画大师吴冠中。吴冠中先生用水墨画的技法形象地勾画出白墙黑瓦的徽派建筑特色，而且很多作品巧妙地抓住"人"字形状拓展开

---

① 本案例是在江苏省南通市极机关第一幼儿园徐妹妹开展的课程故事基础上整理而成。

来,创作技巧便于幼儿掌握。

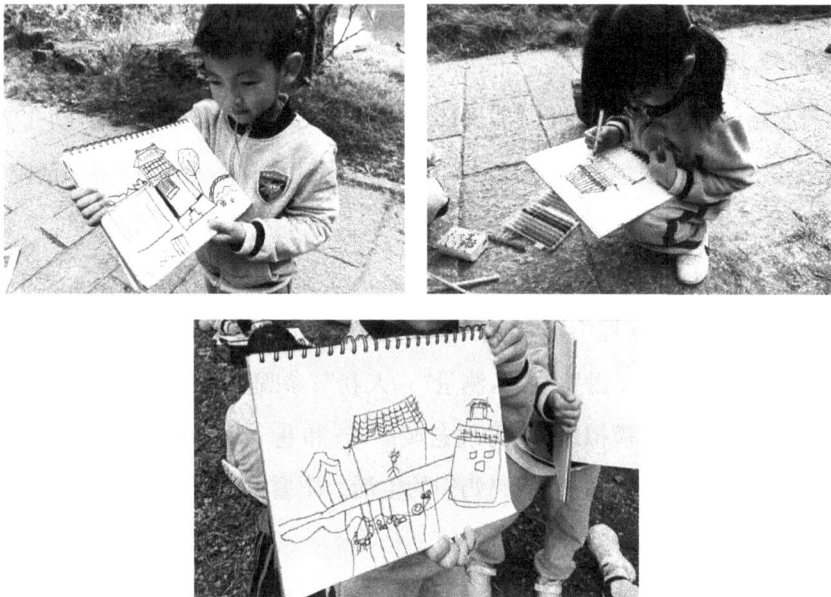

图 7-50

在欣赏吴冠中先生的代表作《人之家》时,师生之间产生了这样一段对话:

　　师:"孩子们,你们看,这幅画你们熟悉吗?"

　　幼:"他们都是白墙黑顶,和我们巷子里的房子一样。"

　　师:"这是一位大画家吴冠中爷爷画的房子,你们看这些房子有什么特点呢?"

　　幼:"有的房子高,有的房子低。"

　　幼:"(两只手搭起来)每一个房子的顶都是这样的。"

　　师:"这像什么呢?"

　　幼:"像一个'人'!"(孩子们异口同声)

　　师:"是的,这幅作品的名字就叫作《人之家》。"

　　幼:"我知道为什么叫这个名字了,因为这个房子要先画'人'样子的房顶,再画房子下面的部分,所以叫《人之家》。"

孩子们通过观察,发现了作品的绘画特征,还引发了对"人之家"意义的思考。对于上面这个说法,大部分小朋友都表示赞同,也没有反对的意见,老师表示认同,但是还可以再找找其他的原因,不急于得出问题的答案。于是带着思考,幼儿继续欣赏吴冠中的画,激发了他们用毛笔绘画巷子里的房子,引发了教师与幼儿利用美工区的卷轴纸进行大胆作画。

幼儿美术故事三:美工区合作绘画:水墨长卷画《我们走在巷子里》

孩子们对巷子的热情没有减退,于是老师决定带领他们去参观城市博物馆。参观完城市博物馆回来,有小朋友好奇地问:"老师,古时候的人是怎么生活的呢?"其他小朋友也纷纷提出问题:"他们在巷子骑马吗?""他们到哪里买东西呢?""古时候的巷子和现在的巷子一样吗?"孩子们的提问引发了教师的新的支架——欣赏《清明上河图》。《清明上河图》以长卷形式,生动记录了古时候的繁荣市井,具有很高的历史价值和艺术价值。于是在水墨画之前需要先观察、了解《清明上河图》上的古人们的生活,从艺术欣赏的视角了解古人的生活。

在欣赏和观察了解完《清明上河图》之后,幼儿开始合作绘画(见图 7 - 51)。合作绘画过程中,他们对《人之家》有了新的理解和解读:"我的房子和你的连在一起了,我们做邻居吧。""像巷子里的人家一样,你挨着我家,我挨着你家。""我觉得是有许多人家快快乐乐地住在一起,所以才叫《人之家》。"就这样,你的房子、我的房子、他的房子连接起来,高高低低、错落有致、紧紧相依,大家成了温暖的一家人。

围绕课程内容的主题绘"画"弱化了对技能和结果的关注,而重视幼儿在课程中的情感体验和态度,在创作过程中,孩子们对"人"的理解也从形状逐步升华至人与人之间的情感,可见,围绕课程多样化的艺术创作使幼儿不仅得到了能力的提升,更是获得了精神上的享受。

图 7 - 52 展示了幼儿合作创作的水墨长卷画《我们走在巷子里》,以下是他们对自己绘画作品的描述和讨论:

图 7-51

图 7-52 《我们走在巷子里》

濮依恩："我们和老师牵着手在巷子里观察。"

杨晨轩："房子顶上有一些野草,电线上有好多小鸟。还有好多好多电线(缠在一起)。"

冒张瑞："房子(的门)上还有对联,我不认识字,只有一个福字认识。"

姚赵桐："我画的(屋檐下面)有瓦当,一排都是,上面的图案还不一样呢。"

周芷瑶："我们在巷子里画地图上的路线。"

顾思雨："我们用轮胎测量巷子有多长,还用了皮尺测量。"

刘冠霆："我们还手拉手(测量巷子),看要多少小朋友拉直了,能拉满这个巷子。"

顾演："(我们还用了)那个会发光的机器,测距仪器(激光测距仪)测庆儿有多高,测房子有多高,测巷子有多长。"

沈原民："下雨天,巷子里的人会拿着雨伞,巷子里还有养小狗小猫的人。"

夏浩宸："巷子里有自行车、电瓶车,人多的时候有点挤。"

吴雨轩："以前的爷爷奶奶都住在古老的房子里面,(我们)送了牛奶和水果给他们。爷爷奶奶来到幼儿园,我们给他们跳舞(联欢)。"

汤问然："(我们)给爷爷奶奶送爱心打水器,奶奶摸我的头说谢谢我。"

黄思凡："这是我们一组设计的打水工具,也可以帮助给爷爷奶奶打水。"

黄诗媛："我们一起贴二维码(在巷子里),拿着二维码的牌子给附近叔叔阿姨扫一扫,听(我们讲的)故事。"

冯珺墨："我们来到了城市博物馆,老师,你举着旗子,我们跟着你。我们看到了模型、地图,还有瓦当,那个大地图有长江,还有好多好多小房子。(立体沙盘)"

张露月："我们在听爷爷讲故事,这是朱良春爷爷的家,墙上还有红色的枸杞,是爷爷种的吧?"

葛治辰："爷爷讲的是冯旗杆巷的故事。"

秦硕："江爷爷讲的'差人''美人''官人'那三个人的故事,是三人巷的故事。"

龚颂伊："我画的是(我们在巷子的石板路上)跳格子。"

刘霂萱："(我们)去啬园秋游了,我们拿着啬园地图,用水彩笔画路线。严老师手机上的地图帮我们记录走过的路线!"

在绘画过程中,幼儿将听、视、触等多种感官和肢体动作融入审美活动,并通过自己创作的作品表达自己对美的感悟。"画"与"话"相连接,支持了幼儿更饱满地表达课程历程中的想法和创意,展现了他们的感受与收获。

幼儿美术故事四:手工活动"巷子里的老房子"

欣赏了大师的艺术作品之后,孩子们的创作热情一直持续着,超轻黏土成了他们的首选。白色超轻黏土制作房子的墙壁,刻画纹理;黑色的超轻黏土做房顶、屋檐和瓦当,别有风味;观察入微的孩子们用彩色卡纸制作了"福"字、对联、店招牌,生动地展现了巷子里的建筑特征和生活韵味。

在班级美工区里,幼儿从绘画辗转到超轻黏土再到全立体的废旧纸箱等制作,在挑战中展开深度学习。图7-53展示了幼儿使用超轻黏土创作的作品,图7-54展示了幼儿创作的全立体作品。

图 7-53

图 7 - 54

在制作过程中,幼儿也发生了讨论:

"我要做个高门槛。"

"为什么要用这么高的门槛? 不会不方便吗?"

"我这个房顶一压就要倒了,巷子里的房顶是怎么做的呢? 上面的瓦为什么不掉下来?"

"我看到房顶有很长的木头撑着。"

"房子门前为什么要放石板呢? 那些雕花画的是什么呢?"

······

为了解决孩子们的疑惑,教师多次带领幼儿实地观察巷子里的房子的结构和各种细节,还邀请社区里的"百事通"李爷爷给小朋友介绍巷子里的辅首门环、檐头瓦当、门当户对、天井小窗、福字门贴等（见图 7-55）。这些建筑元素集绘画、浮雕、书法、工艺美术、匠心于一身，具有独特的艺术价值，它们紧紧吸引住孩子们的眼球，不断激发幼儿深入探究的热情。

图 7-55

他们用眼睛观察、用手触摸，这些感性经验不断地丰富着他们作品的创作，图 7-56 展示了他们创作的过程和作品。

图 7-56

幼儿还将积累的优美的图纹经验运用到美工区角扎染游戏中(见图7-57)。

图7-57

老师抓住孩子们的兴趣点,发动家长资源,为孩子们提供丰富的扎染材料,支持他们的图纹创作。在有准备的学习环境中,孩子们大胆创作出奇妙的图纹变化,古老的传统艺术文化在孩子们的手中再次展现出迷人的魅力。

(三)课程故事:"小学,你好"①

1. 课程故事背景

对于幼儿园大班小朋友来说,小学里的一切都充满了未知和神秘。为了满足幼儿的好奇心,让幼儿能直观、全面地了解小学以及小学生活,为入小学做好衔接准备,每年六月很多幼儿园大班都会开展"小学,你好"课程。

"你好,小学"课程包括了谈话、实地参观、小学一日生活体验、邀请小学老师和已经毕业的哥哥姐姐来园介绍小学生活、提醒家长为幼儿做好物质准备

---

① 根据南京市鼓楼幼儿园"你好,小学"课程故事整理。

和作息准备等活动内容。

2. 相关美术故事

幼儿美术故事一："关于小学我想知道"

大班幼儿对小学既陌生又向往，既畅想又满怀疑问。去参观小学之前，幼儿用绘画表达了自己的担心、猜想和问题，如："小学也玩游戏吗？""小学一个班多少小朋友？""上小学我迟到了怎么办？"一系列的问题打开了幼儿的话匣子，他们七嘴八舌地讨论起来。

图 7-58 是幼儿对于"关于小学我想知道"展开的一系列讨论：

"小学有没有做操活动？"

"小学的饭菜好不好吃？"

"小学有没有防火演习？"

"小学画不画周记？"

"小学滚轮胎吗？"

"小学毕业时拍毕业照吗？"

"我想知道老师的办公室在哪。"

"我还想知道他们上学也需要健康码吗。"

……

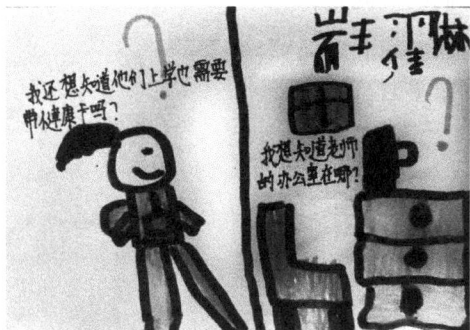

图 7 - 58

图 7 - 59 是孩子们对小学里的游戏、场地、学习方面展开的讨论：

关于游戏，孩子们的疑问是：

"小学有没有户外探险的游戏？"

"小学有没有小银行的游戏？"

"上小学可不可以带玩具？比如踢足球。"

"玩游戏有没有时间限制？"

"小学有搭积木的游戏吗？"

关于场地，孩子们的疑问是：

"小学的操场上有什么？是不是和幼儿园一样？"

"小学是不是和幼儿园一样有自然角？"

"小学的操场有多大？"

"小学有没有散步时间？"

"小学的椅子是什么样的？"

"小学有没有升旗台？"

关于学习,孩子们的疑问是:

"小学一节课有多长时间?"

"下课可以玩多长时间?"

"小学老师是不是都是女的?"

"一个班有多少个同学?"

……

图 7-59

图 7 - 60

图 7 - 61

图 7 - 62

图 7 - 63

图 7 - 64

图 7 - 65

图7-60:"小学的哥哥姐姐需要打扫卫生吗？还是像我们幼儿园一样陈老师拖地？"

图7-61:"我想知道在上小学时睡觉是在哪睡的,还想知道吃饭是用勺子吃的还是筷子吃的。"

图7-62:"我想知道一个教室里有多少人,是十个人,还是五十个人,还是一百个人？"

图7-63:"我想知道食堂在哪,是不是在教室里吃午饭？小学几点放学？"

图7-64:"一年级的哥哥姐姐是不是也像我们一样有三个老师在教？"

图7-65:"小学教室里老师上课的桌子和我们幼儿园一样吗？"

从幼儿园过渡到小学,幼儿作为幼小衔接经验的直接体验者和主要当事人,面临着一次重要的角色转换。教师不仅要充分尊重儿童的主体地位,关注儿童身份的转变,[①]还要积极构建儿童话语体系。倾听幼儿心声、关注内心感受是幼小衔接的基础,正如本次活动中,教师注重倾听幼儿的心声,关注幼儿

图7-66

对于即将到来的小学生活存在的若干疑问,而这些疑问恰恰与幼儿一日生活中的环节、幼儿园生活环境都息息相关。

幼儿美术故事二:"我心目中的小学"

幼儿除了对小学充满好奇和疑问,也表达了对小学生活的美好想象和期盼。幼儿心目中的小学包含了对小学教室、功能室、上课方式、自然环境等多个方面的想象(见图7-66至图7-74)。

---

① 陈向明:《质的研究中的"局内人"与"局外人"》,《社会学研究》,1997年第6期。

图 7-67

图 7-68

图 7-69

图 7-70

图 7-71

图 7-72

图 7-73

图 7-74

下面是幼儿对"我心目中的小学"展开的讨论：

"我觉得小学的楼房会像公主城堡一样漂亮。"

"花坛里会开满鲜花，五颜六色的真好看！"

"小学里应该有升国旗的地方吧？上面的国旗很大。"

"小学里会有许多小动物。"

"小学里会有一千个小学生，很多很多人！"

"我心目中的小学应该有写字、环保、读书的功能。"

"小学里会有很大的操场，还有专门打篮球的地方。"

"我心目中的小学应该有专门的音乐室，有很多的乐器。"

"我心目中的小学很漂亮，有很多花草。"

"小学吃饭的地方应该有沙发。"

……

这一活动环节中可以看出多数幼儿作品中都有楼房，可见对于这个主题"我心目中的小学"，幼儿首先感知到的是一个建筑物，教学楼可以说是儿童心目中典型的表现学校的象征。除了楼房之外，旗杆也是典型的表现学校的事物，正是由于幼儿园每周都会进行升国旗仪式，所以孩子们对于此项活动并不陌生。经过大班的教育，大部分幼儿都会知道在小学也会有旗杆和国旗。幼儿还绘画了教师上课的情景、小朋友们在操场上打篮球的场景,大多数作品中都有人物,画面多彩明亮,画面中的人物也是微笑着的表情。再结合孩子们讨论的各自绘画中所表达的内容,都能够看出孩子们对即将进入小学的情绪也是非常积极和向往的。这些绘画内容都源自幼儿生活中亲身经历过的事情,孩子们的感悟与亲身经历结合想象绘画出他们内心向往的"小学"。

幼儿美术故事三:"我看到的小学"

参观小学是每个幼小衔接课程的活动内容。小学老师会热情地带领幼儿参观小学的操场、各类专用功能室和校史室。幼儿会参与小学生下课的自由活动,直接跟哥哥姐姐面对面提出心中的问题。听了哥哥姐姐的描述之后,幼儿走进小学生的教室,体验小学生的学习生活,他们会看到有序摆放的桌椅文

图 7-75

具、可以移动的黑板和大大的显示屏。除了体验小学生的学习生活,还可以了解小学的生活活动,比如亲自使用一下小学的饮水机,观察男女厕所标记等。小学体育馆内的各种运动设施让幼儿开了眼界,幼儿跟哥哥姐姐在体育馆玩游戏,体验了小学生的运动游戏。

图 7-76

图 7-77

图 7-75："我今天和哥哥姐姐们上了英语课,其他小朋友上了体育课。"

图 7-76："哥哥姐姐们告诉我,上小学要按时完成作业,我今天还参观了机器人社团。"

图 7-77："今天老师告诉我,上课时要坐姿端正。"

图 7-78

图 7-79

图 7-80

图 7-78："老师说上课时候要坐好。"

图 7-79："我想认真读书,也想考试考一百分得到老师的表扬。"

图 7-80："这是小学老师在教小学生画画,他们画的是人。"

图 7 - 81

图 7 - 82

图 7 - 83

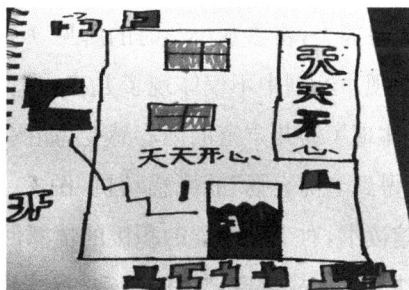

图 7 - 84

图 7 - 85

图 7 - 86

"我在体育馆里看到哥哥姐姐们在跳啦啦操!"

"我看到图书馆有很多书架,旁边是走廊。"

……

幼儿在参观完小学后,便迫不及待地将自己在参观小学时的所见所闻所想用绘画的形式记录下来。图7-75、图7-76、图7-77、图7-78是孩子们所绘的"我看到的小学"。他们看到了并参与了哥哥姐姐们的英语课和体育课,看到他们"坐姿端正"认真听讲,看到体育馆里哥哥姐姐们在做啦啦操。图7-80中幼儿描绘了参观小学的一天,进入小学校园后首先看到了生机勃勃的大树,去操场观看哥哥姐姐们跳早操;随后参观了小学生的农庄、小学生的教室、小学生用的厕所等,在参观完小学之后,幼儿表现出了对小学生活的憧憬与向往,表达出"我想做一名小学生"的愿望。孩子们通过对环境事物的观察,充分发挥想象能力,将参观小学时的所见、所闻、所想融入绘画作品中,随心所欲地大胆表现。绘画中不仅体现了儿童丰富的想象力和创造力,还做出情感上的回应,体现了幼儿丰富的内心感受,如图7-79就传递出幼儿"想要考一百分""想要得到老师表扬"的情感动机,图7-80丰富明亮的色彩表达出幼儿对去图书馆读书,对于上小学的积极的情感回应。

幼儿美术故事四:"我的准备和计划"

对小学有了直观对感受之后,幼儿对于自己的入学有了很多新的想法和计划:"我要做些什么准备呢""我想加入机器人社团""我要学会自己整理书包"……从绘画中可以看出,这些计划有些是对于学习习惯的规划,有些是针对人际关系中新朋友的憧憬,有些是基于参观之前的担忧的解决策略。

下面是幼儿对于于入学的担忧和对策的讨论:

图7-87

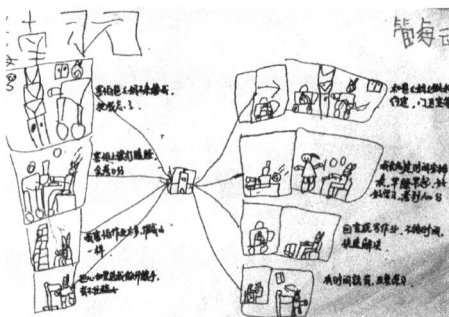

图7-88

图 7 - 89

图 7 - 90

图 7 - 91

图 7 - 92

"我担心爸爸妈妈天黑了都不来接我,我和他们约好,如果他们来晚了,我就在保安叔叔那边写作业等他们。"

"我担心上学迟到,如果妈妈睡懒觉,我会叫她起床,定个闹钟,赶紧开车送我上学。"

"我担心的是作业太多,可以让妈妈提醒我早点写作业,这样就能快点写完,不会拖到很晚。"

"我之前担心到了小学交不到好朋友,我会给雪雪写一封信,约定好了上了小学周六周日一起玩。"

在幼小衔接过程中,幼儿会经历环境的变化和身份的转变,正如以上收集到的幼儿作品中反映出的一样,对于进入小学,幼儿有兴奋、期待和美好的向往等正面的情绪,同时也有紧张、担心和焦虑等负面的情绪。对于儿童这些负面情绪产生的原因主要有两方面,一方面是来自儿童自身自发的担心和焦虑,如图7-90绘画叙事中幼儿对上小学迟到的担忧,图7-92中幼儿对上小学交往好朋友的担忧;另一方面是外界或是他人对儿童所施加的影响从而导致儿童产生担心和焦虑,如图7-91中表达了幼儿对于入学后作业多的担忧。尽管孩子们对于上小学会产生或多或少的焦虑,但是孩子们也会在教师和同伴的引导和帮助中积极思考对策来面对入学后的挑战,比如父母接的晚时"在保安叔叔那边写作业等他们",作业太多时"可以让妈妈提醒我早点写作业"。因此面对幼儿的入学焦虑,需要教师和家长关注幼儿的内心需求,积极引导幼儿对于上小学的向往之情;培养幼儿养成良好的生活学习习惯和自理能力,鼓励幼儿自己想解决问题的办法;鼓励幼儿多与同伴交往,提升与人沟通的能力,为即将到来的小学生活做好充分的准备,让每一名幼儿在身心愉悦的氛围中期待未来的学习和成长。

二、"美术故事":幼儿思想的图像化

(一)课程系列活动为幼儿的美术创作提供了丰富的生活体验

幼儿美术故事是对自己生活、体验、情感的描述和表达,生活体验是幼儿美术故事产生的前提,为幼儿美术表现提供了大量的主客观素材。以上三个课程中幼儿经历了实地观察、讨论、探究、记录、游戏、学习等一系列活动,教师提供了大量的让幼儿"以身体之、以情验之"的机会,促使幼儿的审美感知与审美表现产生联结。正如卢梭所言,"如果一个人从未在干燥的原野上跑过,而他的脚也没有被灼热的沙砾烫过,如果他从未领受过太阳从岩石上所反射出的闷人的热气,他怎能领略那美丽的清晨的新鲜空气呢?花儿的香、叶儿的美、露珠的湿润,在草地上软绵绵地行走,所有这些,怎能使他的感官感到畅快呢?如果他还没有经历过美妙的爱情和享乐,鸟儿的歌唱又怎能使他陶醉呢?

如果他的想象力还不能给他描绘那一天的快乐,他又怎能带着欢乐的心情去观看那极其美丽的一天的诞生呢? 最后,如果他还不知道是谁的手给自然加上了这样的装饰,他又怎能欣赏自然的情景的美呢?"[①]

　　课程中教师不断关注儿童的真实体验,不断激发幼儿的感知、体验和想象创造。如在"我的球操我做主"课程中,花样拍球带给每个幼儿不同的挑战,幼儿产生了各种困难,也获得了各种新的拍球经验。教师带领幼儿观看球操视频,观摩同伴拍球,并开展各种合作性的花样拍球游戏。然后,幼儿用语言表达自己的感受,用绘画记录自己的情感,这个过程中让幼儿获得了丰富的、真实的、多元的体验。正如梅洛-庞蒂所认为的,"世界不是我所思的东西,而是我所体验的。我向世界开放,我不容置疑地与世界建立联系。"幼儿丰富的生活体验也是物体与心灵互动体验的过程,幼儿不断激荡起审美感受与浓厚的审美情感,从而产生表达的冲动进而进行艺术表达与创作。滕守尧认为,"艺术和艺术教育的作用,就是要把每个人的眼睛和耳朵的潜在能力唤醒、点燃、开发、发展。"[②]

　　例如,运用绘画记录自己的游戏故事,是建立在幼儿游戏生活体验的基础之上的。幼儿将在游戏过程中发生的一些趣事、发现的事情、遇到的困难等用绘画的形式表现出来,幼儿也会把主动地将象征符号加入"游戏故事"中。图7-97是某幼儿园大班幼儿的游戏故事分享。该游戏故事围绕幼儿的"大带小"游戏体验,运用绘画记录自己带领小弟弟妹妹共同游戏的生活体验,幼儿在故事中的一言一行、一举一动都在传递着他们的学习与发展。他们记录了各种与弟弟妹妹共同游戏的策略,蕴涵了幼儿关于人际关系、责任感等多方面的学习。

---

① ［法］卢梭:《爱弥儿》,李平沤译,北京:商务印书馆,1996年版,第218页。
② 滕守尧:《艺术与创生——生态式艺术经验概论》,西安:陕西师范大学出版社,2002年版,第8页。

图 7 - 93 《我带弟弟妹妹一起游戏的故事》

"今天我找不到那个一起玩的小弟弟了。"

"我走得比小弟弟快,我就在平衡木上面等等他。我叫他快一点爬过轮胎山。"

"小妹妹在我们一起游戏的时候口渴了,我陪她去教室里喝水,然后我们继续玩游戏。"

......

（二）持续的探究活动不断激发教师支架幼儿的美术学习

当前幼儿园课程活动关注儿童的需要和兴趣，如上文列举的课程故事"我的球操我做主""走在巷子里""小学，你好"，这类活动注重儿童持续的、较为深入的探究活动，这种活动能协助幼儿全面深入地理解他们周围环境中值得注意的事物和现象，注重幼儿主体性的发挥，注意形成幼儿持续学习的意向，使幼儿成为活动的真正主人。这样的活动也要求教师以合乎人性的方式，鼓励儿童跟环境中的人、事、物产生有意义的互动。

幼儿"美术故事"的发生、发展、呈现的过程是教师与幼儿积极互动、合作建构的过程。幼儿在审美感知、体验、表达的过程中，师幼共同协商、合作、解决问题。幼儿在与教师提供的环境、材料相互作用过程中，不断进行自我建构、自我发展。幼儿表达美术故事的过程中，教师也会适时介入，拓展幼儿话题，提供适宜的工具材料，支架幼儿的美术学习。

例如，在课程故事"走在巷子里"，教师带领幼儿带着地图走进巷子观察讨论，为幼儿写生画提供支架；优秀的作品欣赏，如欣赏吴冠中的画等为幼儿的创作提供支架；在美工区提供水墨画材料、立体纸盒等支架幼儿的进一步创作。另外，宽松融洽的活动氛围、适宜的物理环境、教师的观察记录和创作后的反思讨论活动都是幼儿美术学习的重要支架。

我们以"我升中班了"美术故事为例，梳理出教师在课程进程中美术活动的相关支架以及这些支架是如何随着活动的进程不断生成。

"我升中班了"美术故事背景①：

升班对于幼儿来说是一次成长。从小班升入中班初期，幼儿对中班认知比较模糊。"我升中班了"课程通过系列活动，帮助幼儿从衣食住行等方面感受自己升入中班后的变化，体验做中班小朋友的愉悦心情和自豪感。在参与班级值日生活动中激发自我服务和为集体服务的责任意识。

①本案例是在江苏省如东县栟茶幼儿园张琴、郑惠云开展的课程故事基础上整理而成。

"我升中班了"课程活动有:社会活动"我升中班了"、语言活动"小熊长大了"、健康活动"这就是我"、综合活动"今天我值日"、系列美术活动以及相关区域游戏活动。

教师在"我升中班了"美术故事中的支架:

美术故事一:"升中班后我的变化"

教师的支架:发动家长搜集幼儿小班和中班时期的照片,共同观察对比每位幼儿不同时期照片里的变化,在谈话、讨论、访谈中记录幼儿各方面的变化。

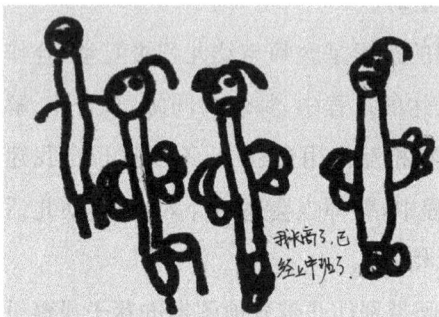

图 7－94

图 7－95

图 7－96

图 7－97

1. 身体的变化

"我的个子长得比以前高了,瞧,有这么高,跟我爸爸一样强壮了。"

　　"小班时候都是奶奶喂我吃饭的,因为我不会用筷子,经常把饭弄撒了,现在我长大了,我能自己吃饭啦。"

　　"我长高了,和妈妈一起穿起了漂亮的裙子,现在我只比妈妈矮6格。"

　　"这是我的自拍照,瞧,我现在多胖多壮实。"

图 7-98

图 7-99

　　图 7-98:"这是我小班时穿的裙子,现在我长大了,裙子要加好长一截!"

　　图 7-99:"帽子、裙子、鞋子、手套都小了,我没有衣服穿了,明天妈妈去带我买新衣服!"

2. 衣服的变化

图 7-100

图 7-101

图 7-100："这件 T 恤太短了,我已经长得高高胖胖的了,需要一件更大的 T 恤!"

图 7-101："鞋子好小啊,我穿不进去了,哈哈,只有脚趾头穿进去了,踮着脚站,站得东倒西歪的。"

3. 吃饭方面的变化

图 7-102

图 7-103

图 7-102："猜猜我今天吃得怎么样? 一碗饭、一份菜、一碗汤全吃完了,我今天可是午餐小标兵哟。"

图 7-103："我现在能吃很多的饭菜,看,我自己盛的饭可多了,这么一大碗呢!"

图 7-104

图 7-105

图 7－104："以前用的是勺子,现在我跟大人们一样用筷子吃饭呢!"

图 7－105："宝宝椅我坐不下了,吃饭时不再需要了,把它送给弟弟去。"

4. 教室的变化

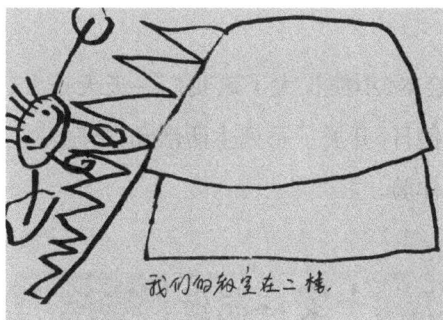

图 7－106

图 7－107

图 7－106："小班的时候在楼上,现在楼梯上面才是中班。"

图 7－107："我要爬很多很多的楼梯才能到教室,看,老师在教室门口等我!"

图 7－108

图 7－109

图 7-108："保安爷爷让我们不要跑太快,容易撞倒;晨检的时候要排队,不能挤。"

图 7-109："以前是妈妈跟我一起来幼儿园的,她有的时候跟我拉着手,有时候抱着我,可现在我长大了,不再需要妈妈送我进幼儿园了,她把我送到大门口,我自己走进来。"

美术故事二:"中班的值日生"

教师的支架:教师在阅读区投放了绘本《小熊长大了》《我们一天天长大》《等我长大以后》等,并针对绘本《今天我值日》开展了系列生活活动,鼓励幼儿用绘画记录值日生活动过程和自己的新体验。

图 7-110   图 7-111

图 7-110："有这么多小朋友推选我来做值日生哦。"

图 7-111："我希望大家一起来做值日生,这样做得快。可是只有几个小朋友选择大家一起做值日。"

图 7 - 112

图 7 - 113

图 7 - 112:"小组长任务帮大家端饭盆、菜盆,我很喜欢我的工作。"

图 7 - 113:"值日生我认真负责,早上过来我就先擦桌子、搬小椅子。"

美术故事三:"中班新规则"

教师的新支架:创设主题墙,将幼儿用绘画的形式画出的班级新规则展示在主题墙,并组织幼儿交流讨论幼儿"制订"的新规则。

图 7 - 114

图 7 - 115

图 7 - 114:"这是我们在做莲湘操,在跳莲湘的时候不要跟其他

小朋友挤在一起,要有距离地跳,不然会撞在一起的。"

图7-115:"我们在做操的时候,有莲湘上的铜钱掉落下来了,我们就把它们扔进垃圾桶里。"

图7-116

图7-117

图7-116:"上下楼梯靠边走,手要扶着栏杆一个接着一个慢慢地走。"

图7-117:"走楼梯时,在楼梯上不能跳,不能牵手,更不能推前面的小朋友,这样容易摔倒。"

图7-118

图7-118:"吃饭的时候要保持安静哦,不能大声说话,要多吃一点才能长得高高的。我们可不能挑食哦,每种食物都要吃,青菜、蘑菇、大椒、苹果、香蕉都是很有营养的哦。"

值得一提的是,与幼儿对话是贯穿在幼儿美术学习始终的支架。在对话中幼儿会回忆起经历过的某个体验,从中生发出新联系和新的感受,对话中允许每个幼儿有不同的和独特的回答或者想法。在简单的对话中,如"在操场上我喜欢做什么"包含了思考、感受和理解的问题:我们都喜欢在操场上玩、操场上有一些游戏设备、我最喜欢的操场的游戏、我的好朋友喜欢的游戏等。对话的过程常常是激发幼儿思考的过程,提醒幼儿需要有清醒的判断、审美的选择和决定,促使幼儿将获得的视觉图像、丰富情感图像化。当然幼儿有时候会超越现实,选择夸张、变形或不真实的色彩创造作品,产生令人惊喜的独特效果。

结语:走进幼儿的叙事世界

　　幼儿绘画向我们展示了他们创造的叙事世界。这个世界是充满诗意与想象的,幼儿通过绘画不仅叙述生活,而且表达愿望与梦想;这个世界是不断建构的,幼儿通过叙事徜徉在现实世界和可能世界之中;这个世界是充满游戏的,幼儿在绘画中尽情享受游戏的快乐与自由。叙事世界是幼儿创造的源泉,他们通过叙事绘画不断创造属于自己的新的叙事世界。

　　对幼儿绘画及其教育的问题探究应该是多视角的,以叙事学、心理学、教育学的视角对幼儿的绘画进行探讨与分析是必要的。幼儿通过绘画展现游玩、学习、购物、节日活动等丰富的日常生活,用绘画构建的丰富的叙事世界与幼儿的现实世界有着千丝万缕的联系。幼儿的叙事世界与现实世界一样,同样由人、物、事件组成,同样有时间和空间,有欢乐与担忧,有成功与失败。但是这个世界又不同于现实生活,是幼儿的现实生活与想象世界的融合。

　　然而,传统的美术教材和计划忽视幼儿鲜活的生活,美术活动中幼儿体验缺失,美术活动呈现出物化、技艺化等倾向,这些倾向导致幼儿在美术活动中"叙事缺失",幼儿的叙事世界被忽略和压制。当前幼儿园丰富的课程活动给幼儿提供了多样化的视觉经验和叙事资本。教师对幼儿美术活动的观察记录和分析一方面充分展示了幼儿叙事的过程和叙事作品,另一方面提高了教师的"心灵阅读"能力。

　　行文至此为止,本研究完成了对幼儿叙事绘画及其教育启示问题的探讨。本研究将告一段落,但对幼儿美术及美术教育的思考与研究远没有结束。当前"美育全覆盖"和"终身美育"的理念对幼儿美术教育提出了新的任务与挑战,幼儿美术的内涵与外延将不断丰富,幼儿美术不再是孤立、自给的现象。在今后的美术教育研究中,我们将不断增强幼儿美术与幼儿生活、幼儿经验、幼儿所处社会现实之间的联系,充分挖掘课程资源,将幼儿美术活动内容拓展至幼儿家庭、生活空间与环境,实现幼儿生活与艺术的融合、幼儿经验与艺术的融合。

主要参考文献

1. [德]卡西尔:《人论》,甘阳译,上海:上海译文出版社,1997年版。

2. [德]罗泽·弗莱克-班格尔特:《孩子的画告诉我们什么——儿童画与儿童心理解读》,程巍等译,北京:北京师范大学出版社,2010年版。

3. [德]席勒:《审美教育书简》,范至等译,上海:上海人民出版社,2003年版。

4. [法]卢梭:《爱弥儿》,李平沤译,北京:人民教育出版社,2001年版。

5. [法]皮埃尔·布迪厄:《实践与反思——反思社会学导论》,华康德译,北京:中央编译局,1998年版。

6. [荷]米克·巴尔:《叙述学:叙事理论导论》,谭君强译,北京:中国社会科学出版社,1995年版。

7. [荷兰]约翰·赫伊津哈:《游戏的人》,北京:中国美术学院出版社,1996年版。

8. [加]马克斯·范梅南:《生活体验研究——人文科学视野中的教育学》,宋广文等译,北京:教育科学出版社,2003年版。

9. [美]A.J.赫舍尔:《人是谁》,隗仁莲、安希孟译,贵阳:贵州人民出版社,2009年版。

10. [美]阿瑟·D·艾夫兰:《艺术与认知》,智玉琴译,长沙:湖南美术出版社2008年版。

11. [美]阿瑟·艾夫兰:《西方艺术教育史》,成都:四川人民出版社,2000年版。

12. 〔美〕艾尔·赫维茨、迈克尔·戴:《儿童和艺术》,郭敏译,长沙:湖南美术出版社,2008年版。

13. 〔美〕芭巴拉·何柏豪斯:《儿童早期艺术创造性教育》,南宁:广西美术出版社,2009年版。

14. 〔美〕博格:《通俗文化、媒介和日常生活中的叙事》,南京:南京大学出版社,2000年版。

15. 〔美〕布洛克:《现代艺术哲学》,滕守尧译,成都:四川人民出版社,1998年版。

16. 〔美〕丹尼尔·科顿姆,《教育为何是无用的》,仇蓓玲、卫鑫译,南京:江苏人民出版社,2005年版。

17. 〔美〕杜威:《艺术即经验》,高建平译,北京:商务印书馆,2007年版。

18. 〔美〕格罗姆:《儿童绘画心理学——儿童创造的图画世界》,李甦译,北京:中国轻工业出版社,2008年版。

19. 〔美〕华莱士·马丁:《当代叙事学》,北京:北京大学出版社,1990年版。

20. 〔美〕霍华德·加登纳:《艺术·心理·创造力》,齐海东等译,北京:中国人民大学出版社,2008年版。

21. 〔美〕杰罗姆·布鲁纳:《故事的形成:法律、文学、生活》,孙玫璐译,北京:教育科学出版社,2006年版。

22. 〔美〕鲁道夫·阿恩海姆:《艺术与视知觉》,孟沛欣译,长沙:湖南美术出版社,2008年版。

23. 〔美〕罗恩菲尔德:《创造与心智的成长》,王德育译,长沙:湖南美术出版社,1993年版。

24. 〔美〕马尔库塞:《单向度的人》,张峰、吕世平译,重庆:重庆出版社,1988年版。

25. 〔美〕迈克尔·弗雷德:《艺术与物性:论文与评论集》,张晓剑、沈语冰译,南京:江苏美术出版社,2013年版。

26.［美］诺曼·K·邓金:《解释性的交往行为主义——一个人经历的叙事、倾听与理解》,周勇译,重庆:重庆大学出版社,2004年版。

27.［美］帕特丽夏F.卡利尼等:《从另一个视角看:儿童的力量和学校标准——"展望中心"之儿童叙事评论》,仲建维译,北京:高等教育出版社,2005年版。

28.［美］韦斯曼、亨德里克:《幼儿全人教育》,南京:南京师范大学出版社,2015年版。

29.［美］小威廉姆E·多尔:《后现代课程观》,王红宇译,北京:教育科学出版社,2000年版。

30.［美］朱莉·布拉德:《0—8岁儿童学习环境创设》,陈妃燕,苏丹译,南京:南京师范大学出版社,2020年版。

31.［日］佐藤学:《学习的快乐——走向对话》,钟启泉译,北京:教育科学出版社,2004年版。

32.［意］Loris Malaguzzi等:《孩子的一百种语言——意大利瑞吉欧方案教学报告集》,张军红等译,台北:光佑文化事业股份有限公司出版,1998年版。

33.［英］罗杰·弗莱:《弗莱艺术批评文选》,范景中主编;沈语冰译,南京:江苏美术出版社,2010年版。

34.［英］卡里瑟斯:《我们为什么有文化:阐释人类学和社会多样性》,沈阳:辽宁教育出版社,1998年版。

35.［英］科林伍德:《艺术原理》,王志元等译,北京:中国社会科学出版社,1985年版。

36.班马:《游戏精神与文化基因》,兰州:甘肃少年儿童出版社,1994年版。

37.边霞:《儿童的艺术与艺术教育》,南京:江苏教育出版社,2006年版。

38.边霞:《幼儿园生态式艺术教育的理论与实践》,杭州:浙江教育出版社,2017年版。

39.曹意强等:《艺术史的视野——图像研究的理论、方法和意义》,杭州:

中国美术学院出版社,2007年版。

40.丁钢:《声音与经验》,北京:教育科学出版社,2008年版。

41.高小康:《人与故事》,北京:东方出版社,1993年版。

42.黄进:《游戏精神与幼儿教育》,南京:江苏教育出版社,2006年版。

43.孔起英:《儿童审美心理研究》,南京:江苏教育出版社,2004年版。

44.刘晓东:《儿童文化与儿童教育》,北京:教育科学出版社,2006年版。

45.罗钢:《叙事学导论》,昆明:云南人民出版社出版,1992年版。

46.吕达,刘立德,邹海燕主编:《杜威教育文集》赵祥麟等译(第1卷),北京:人民教育出版社,2008年版。

47.申丹、王丽亚:《西方叙事学:经典与后经典》,北京:北京大学出版社,2010年版。

48.谭君强:《叙事理论与审美文化》,北京:中国社会科学出版社,2002年版。

49.滕守尧:《审美心理描述》,成都:四川人民出版社,1998年版。

50.杨义:《中国叙事学》,北京:人民出版社,1997年版。

51.叶朗:《美学原理》,北京:北京大学出版社,2009年版。

52.衣俊卿:《回归日常生活世界的文化哲学》,哈尔滨:黑龙江人民出版社,2000年版。

53.易晓明:《寻找失落的艺术精神——儿童艺术教育的人文化构建》,北京:高等教育出版社,2007年版。

54.张新军:《可能世界叙事学》,苏州:苏州大学出版社,2011年版。

55.陶琳瑾:《绘画治疗与学校心理咨询:一种新视野下的整合效应》,《中国组织工程研究与临床康复》,2007年第17期。

56.丁钢:《教育叙事的理论探究》,《高等教育研究》,2008年第1期。

57.刘良华:《教育叙事:一种研究态度》,《湖北教育(教育科学)》,2008年第7期。

58.郑金洲:《教育研究方式与成果表达形式之二——教育叙事》,《人民教育》,2004 年第 18 期。

59. 傅敏、田慧生:《教育叙事研究:本质、特征与方法》,《教育研究》,2008 年第 5 期。

60. 王枬:《教育叙事研究的兴起、推广及争辩》,《教育研究》,2006 年第 10 期。

61. 杨宁:《叙事:幼儿教育的基本途径》,《学前教育研究》,2005 年第 7—8 期。

62. 曾维秀、李甦:《儿童叙事能力发展的促进与干预研究》,《中国心理卫生杂志》,2006 年第 9 期。

63. 杨宁:《叙事:幼儿教育的基本途径》,《学前教育研究》,2005 年第 7—8 期。

64. 杨宁:《故事叙述与幼儿心智的成长》,《华南师范大学学报》(社会科学版),2002 年第 2 期。

65. 徐永:《儿童底层叙事的教育社会学意义》,《全球教育展望》,2012 年第 1 期。

66. 丁文:《幼儿园游戏故事的价值》,《学前教育研究》,2020 年第 11 期。

67. 王良范:《从岩画看视觉图像的构成——人类学视域的原始图像》,《贵州大学学报》,2001 年第 7 期。

68. 龙迪勇:《图像叙事与文字叙事——故事画中的图像与文本》,《江西社会科学》,2008 年第3 期。

69. 杜芳:《安徒生童话自我虚构的无限与真实的有限》,《昆明学院学报》,2011 年第 33 期。